Erläuterungen und Dokumente

Heinrich von Kleist
Die Marquise von O...

Von Sabine Doering

Philipp Reclam jun. Stuttgart

Kleists Erzählung *Die Marquise von O...* liegt unter
Nr. 8002 in Reclams Universal-Bibliothek vor. Auf diese
Ausgabe beziehen sich die Seiten- und Zeilenangaben in den
Erläuterungen.

Universal-Bibliothek Nr. 8196
Alle Rechte vorbehalten
© 1993 Philipp Reclam jun. GmbH & Co., Stuttgart
Gesamtherstellung: Reclam, Ditzingen. Printed in Germany 1993
RECLAM und UNIVERSAL-BIBLIOTHEK sind eingetragene
Warenzeichen der Philipp Reclam jun. GmbH & Co., Stuttgart
ISBN 3-15-008196-3

Inhalt

I.	Wort- und Sacherklärungen	5
II.	Geschichte des Motivs	32
III.	Entstehung, Überlieferung und Textvarianten	44
IV.	Dokumente zur Wirkungsgeschichte	52
	1. Literaturkritik und Literaturwissenschaft . .	52
	2. Übersetzungen und Illustrationen	84
	3. Dramatisierungen und Verfilmungen . . .	93
V.	Texte zur Diskussion	105
	1. Russen und Asiaten	105
	2. Liebe und Ehe	108
VI.	Literaturhinweise	112
VII.	Abbildungsnachweis	124

I. Wort- und Sacherklärungen

Die Reclam-Ausgabe der *Marquise von O...* folgt der Ausgabe Helmut Sembdners, der den Text in der Fassung seines zweiten Drucks (in der Buchausgabe der *Erzählungen* von 1810) ediert hat. Kleists übrige Werke werden im folgenden nach Sembdners zweibändiger Ausgabe (abgekürzt: SW) zitiert.

3,1 *Die Marquise von O...:* Während andere Erzählungen Kleists ein Ereignis in den Titel stellen (*Das Erdbeben in Chili, Die Verlobung in St. Domingo*), wird hier (wie bei *Michael Kohlhaas*) eine Person hervorgehoben. Deren Kennzeichnung mit dem Adelsprädikat (»Marquise«) statt mit dem Vornamen (»Julietta«) weist bereits auf die Möglichkeit eines gesellschaftlichen Konfliktes voraus.
Kleists Namen- und Titelgebung steht in einer damals zwar jungen, aber dichten Tradition. Sie reicht von Gellerts *Leben der schwedischen Gräfin von G...* (1747–48) über eine Vielzahl meist trivialer Erzählwerke (darunter auch eine *Marquisinn von M..* aus dem Jahre 1778, anonymer Verfasser) bis zu Carl Grosses *Der Genius. Aus den Papieren des Marquis C... von G...* (1791–95). Überhaupt werden in der Literatur des späten 18. und des frühen 19. Jahrhunderts, soweit sie den Anschein zeitgeschichtlicher Authentizität zu erwecken sucht, die Familiennamen der Figuren, zumal von Adligen, in fingierter Rücksichtnahme oft verschwiegen oder versteckt – wie beispielsweise in Goethes *Werther* (1774), wo sie »Albert« und »Wilhelm«, »Charlotte S...« und »Graf von C...« heißen. Eine ähnliche Verschlüsselung erfahren oft auch Orts- und Zeitangaben.
Die Initialen, deren Kleist sich sonst nur in einigen Anekdoten (vgl. z. B. *Der verlegene Magistrat*, SW II,262 oder *Der Griffel Gottes*, SW II,263; vor allem auch die *Sonderbare Geschichte, die sich, zu meiner Zeit, in Italien zutrug,*

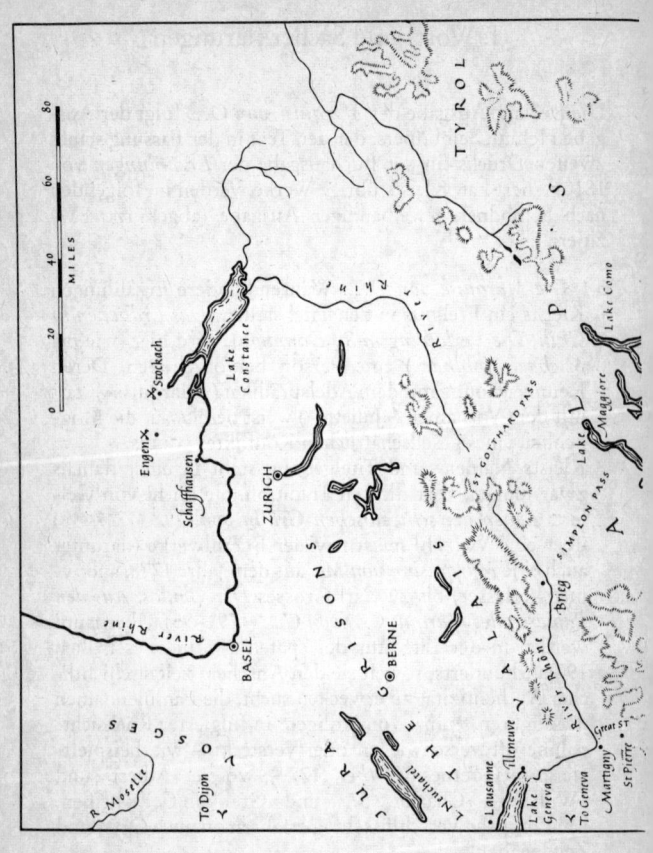

Karte zu Napoleons Feldzug des Jahres 1800 in Oberitalien

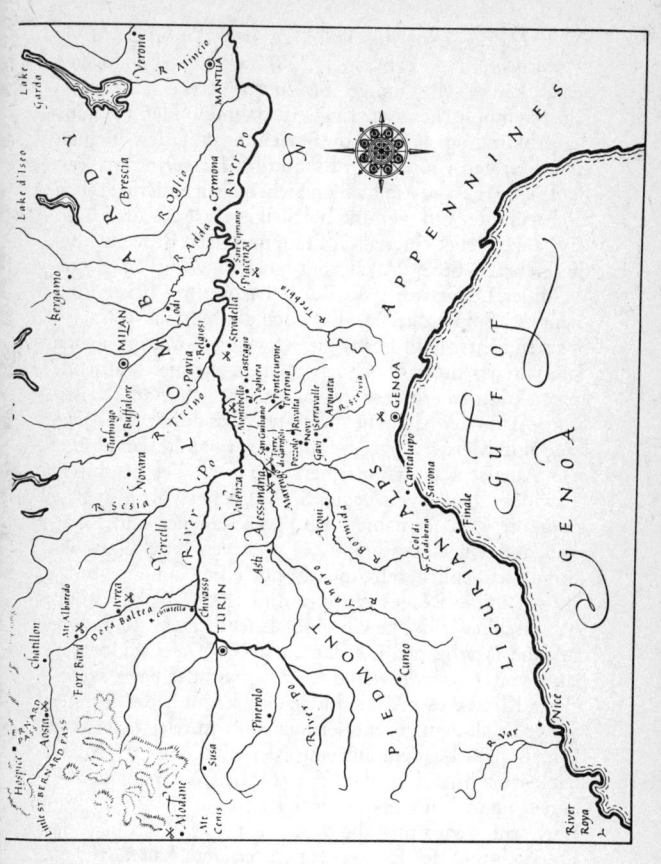

SW II,271 ff.) sowie in seinem Aufsatz *Über das Marionettentheater* (vgl. z. B. SW II,338) bedient, haben in aller
Regel keine selbständige Bedeutung etwa laut- oder
schriftsymbolischer Art. Eine Ausnahme bildet allenfalls
die Abkürzung »O…«. In Beziehung auf den Namen
eines »Grafen von O« wird schon im *Hesperus* von Jean
Paul (1795) gesagt: »so hieß im Siebenjährigen Kriege auch
ein berühmter Offizier und bei Shakespeare die Erde; und
das ganze Gebet einer alten Frau; und nach Bruce liebten
die Hebräer diesen Vokal vorzüglich« (*Werke*, hrsg. von
N. Miller, Darmstadt 1960, Bd. 1, S. 626). Im Christentum
dient das Sprachzeichen »O« auch als Mariensymbol; in
Spanien führt (nach Huff) die schwangere Maria gar den
Titel »Maria de la O«. Ebenso ist an die gleichlautende
Interjektion zu erinnern und an das ähnlich charakteristi-
sche »Ach!« der Alkmene im letzten Vers des *Amphitryon*.
Eine mit Kleists Novelle entfernt verwandte Erzählung
von August Lafontaine spielt »zu O… bei Marburg«
(Davidts, *Quellengeschichte*, S. 351); jener von Jean Paul
erwähnte Offizier namens d'O war Italiener und Kommandant einer Festung. Zu weiteren Spekulationen
könnte schließlich, retrospektiv, noch die Namenssymbo-
lik in Pauline Réages *Histoire d'O* (1954) Anlaß geben.
Auszuschließen ist gewiß eine absichtliche Bezugnahme
auf jene »Marquise d'O«, der Galland 1747 seine Übersetzung von *Tausendundeine Nacht* gewidmet hat – wenn-
gleich Kleist dieses Werk durchaus gekannt haben könnte.
Sicher ist all dem gegenüber nur: die von Kleist gewählte
Initiale paßt bequem auf eine Reihe italienischer Adels-
namen bis hinauf zu dem der römischen Orsini und ist
bereits damit zur Genüge motiviert.
Eher schon wird man die Vornamen – der Marquise, des
Obristen und des Jägers – für ›sprechend‹ halten dürfen.
Die Marquise »Julietta« hat zwei berühmte Liebende zu
Namensschwestern: Shakespeares »Juliet« (in *Romeo and
Juliet*) und Rousseaus »Julie« (in *La Nouvelle Héloise*; vgl.
Anm. zu 43,35 ff.). Im Vornamen des Obristen »Lorenzo«

hat man einen ironischen Verweis auf Shakespeares
»Romeo« erkennen wollen (Hoverland, S. 149); während
doch allenfalls an den »Bruder Lorenzo« (»Friar Laur-
ence«) zu denken ist, der Romeo und Julia vermählt. Der
Jäger »Leopardo« schließlich scheint in seinem Namen
»Leonardo« mit »Leopard« (it.: *gattopardo*) zu verbinden;
was recht gut zu der Rolle paßt, die er in der Intrige der
Obristin spielt (Politzer, S. 100). In anderen Werken hat
Kleist den Namen seiner Figuren ein größeres Gewicht
zugeteilt: von »Adam« und »Eve« im *Zerbrochnen Krug*
über *Michael Kohlhaas*, dessen geschichtliches Vorbild
»Hans« geheißen hat, bis zu »Nicolo« und »Colino« in
der Erzählung *Der Findling*, wo die anagrammatische
Gleichung gar das Geschehen bestimmt. In der *Marquise
von O…* kommt es in der Hauptsache wohl nur auf den
italienischen Klang der Eigennamen an.

Wie die Familiennamen der Personen hat Kleist, nach
demselben Brauch, auch die Zeit- und Ortsangaben der
Erzählung verschlüsselt. Hier freilich muß die Auflösung
schon den Zeitgenossen leichtgefallen sein. Bei dem nicht
näher bestimmten Krieg, der Oberitalien »mit den Truppen fast aller Mächte und auch mit russischen erfüllte«
(3,27 f.), kann es sich nur um den Zweiten Koalitionskrieg
von 1799–1802 handeln – genauer: um die Auseinander-
setzungen des Jahres 1799, in deren Verlauf es den ver-
bündeten Armeen Österreichs und Rußlands unter dem
Oberbefehl des Generals Suwarow gelang, die Franzosen
aus ihren in Italien eingerichteten Republiken wieder zu
vertreiben. Die diplomatische Mission des Grafen F… ist
dann auf den September dieses Jahres zu datieren: als der
russische General Korsakow (13,26: »General K…«) sein
Hauptquartier in Zürich (14,31: »Z…«) aufgeschlagen
hatte und das Königreich Neapel (11,13) von den Alliier-
ten wiederhergestellt war. Die übrigen Angaben lassen
jedoch mehr als eine in sich stimmige Auflösung zu. Bei
dem »Gefecht« in der Nähe von »P…« (8,15) könnte es
sich um die Schlacht an der Trebbia nahe Piacenza han-

deln; die »Zitadelle von M…« (3,15) läßt sich bei Mantua
denken; mit »V…« (3,21 und 3,32) könnte Verona oder
Vicenza bezeichnet sein; und die Stadt »B…« (20,35), auf
dem Wege von M… nach Zürich, wäre Brescia oder Ber-
gamo. Beinahe ebenso passend lassen sich die Initialen
aber auch auf Pavia, Mailand, Varese und Bellinzona
beziehen – Ortschaften übrigens, die Kleist auf seiner Ita-
lienreise (Sommer 1803) größtenteils selber gesehen hat.
Mit Sicherheit kann gesagt werden: daß sich Kriegshandlungen, wie sie die Erzählung beschreibt, weder um Mantua noch um Mailand (und auch nicht um das von Politzer
vorgeschlagene Modena) begeben haben.
Die Gestalt der Namensabkürzungen schließlich ist in den
ersten Drucken der Erzählung nicht einheitlich. Formen
mit vier Auslassungspunkten (fast immer: »von O.…«,
meist: »von G.…«, Landgut V.…«) stehen jeweils neben
Formen mit drei Auslassungspunkten (»Graf F…«,
»General K…«, die Stadt »M…«, der Ort »P.…«). Diese
wechselnde Form der Abbreviaturen, die sich ebenso auf
Kleists mögliche Unachtsamkeit wie auf die Willkür schon
des ersten Setzers zurückführen ließe, ist kein Einzelfall in
der Literatur um 1800. In Kleists *Marionettentheater* etwa
findet sich die Schreibung »C.« neben »C…« (vgl. SW
II,338 und 344); und in Goethes *Werther* sind die Namen
in der Fassung von 1774 mit zwei, in derjenigen von 1787
mit drei Punkten abgekürzt. Die Vereinheitlichung der
Markierung (jeweils drei Auslassungspunkte) in Sembdners Ausgabe orientiert sich an der mittlerweile etablierten
typographischen Konvention.

3,2 f. *(Nach einer wahren Begebenheit, deren Schauplatz
vom Norden nach dem Süden verlegt worden):* Diese Mit-
teilung ist aus der »Inhaltsanzeige« des *Phöbus*-Heftes, in
dem die Erzählung 1808 erstmals erschienen ist, nicht in
die Buchausgabe der *Erzählungen* von 1810 übernommen
worden. Kleist muß sie aber nicht mit Bedacht fortgelas-
sen haben; sie kann ihm bei der Vorbereitung des zweiten
Drucks auch einfach entgangen sein. Außerdem hätte sie

auf dem Titelblatt des Buches, das zugleich als Inhaltsverzeichnis dient, schon ihrer Länge wegen nicht gut erscheinen können. Da kein ›innerer Grund‹ für eine Tilgung erkennbar ist, hat Sembdner den Titel-Zusatz aus dem *Phöbus* wiederhergestellt.

Ähnliche Zusätze finden sich in der Erzählliteratur um 1800 oft. So gibt etwa Schiller die Erzählung *Der Verbrecher aus verlorener Ehre* im Untertitel für »Eine wahre Geschichte« aus und will das Romanfragment *Der Geisterseher* »Aus den Memoiren des Grafen von O…« gezogen haben. Kleist selber fügt seinem *Michael Kohlhaas* (allerdings erst in der Buchausgabe) im Inhaltsverzeichnis die Angabe hinzu: »(Aus einer alten Chronik)«. Dabei handelt es sich allemal – also auch in den gewiß nicht seltenen Fällen, wo der Anspruch auf historische Verbürgtheit mehr oder minder zu Recht erhoben wird – um eine literarische Konvention. Wie die oft mit ihr verknüpfte Verschlüsselung der Namen dient sie zur Beglaubigung des Wahrheitsgehaltes.

Im Falle der *Marquise von O…* scheinen die Aussagen des Titelzusatzes eher fingiert zu sein. Zwar mangelt es nicht an Berichten über ähnliche Begebenheiten; als eigentliche ›Quelle‹ aber kommt davon keiner in Betracht. Man vergleiche hierzu Kapitel II. Vielleicht also hat Kleist den Untertitel wegen dessen bloßer Konventionalität absichtlich wieder fallengelassen.

3,5 *Marquise:* Ehefrau eines Marquis. Vgl. auch Anm. zu 3,16. In ihrer gesellschaftlichen Stellung nimmt die Marquise eine höhere Position als ihre Eltern ein, ist jedoch dem Grafen F… untergeordnet.

3,6 *mehreren:* Daß es sich um zwei Kinder und zwar um Mädchen handelt, darauf deuten spätere Zusätze hin; vgl. 3,22, 4,23, 9,24 und 29,2–4. In ihrer zweiten Ehe gebiert die nachmalige Gräfin einen Sohn (49,19) und dann noch eine »ganze Reihe von jungen Russen« (50,1) – wohl ebenfalls Knaben. Vgl. dazu Politzer, S. 126.

3,6 f. *wohlerzogenen:* mit Sorgfalt erzogenen.

3,10 *aus Familienrücksichten:* aus Rücksicht auf die Familie.
Uneheliche Schwangerschaften waren um 1800 mit emp-
findlichen staatlichen und kirchlichen Sanktionen belegt –
worauf schon die zeitgenössische Diskussion die Vielzahl
der Kindestötungen zurückgeführt hat, die aus Furcht vor
sozialer Ächtung von ledigen Müttern (meist niederen
Standes) vorgenommen wurden. Man vergleiche nur Goethes Darstellungen in *Faust I* und in dem Gedicht *Vor
Gericht.* Die Schuld einer unehelichen Schwangerschaft
konnte durch eine Eheschließung gesühnt werden; vgl.
dazu Wilhelm Wächtershäuser, *Das Verbrechen des Kin-
desmordes im Zeitalter der Aufklärung. Eine rechtsge-
schichtliche Untersuchung der dogmatischen, prozessualen
und rechtssoziologischen Aspekte,* Berlin 1973, S. 127.

3,12 *sonderbaren:* eines der häufigsten Adjektive der Erzählung; vgl. 9,14, 9,34 f., 15,19, 21,22, 21,33, 22,36, 25,22,
29,15, 30,10, 30,28, 32,23, 35,23, 39,13, 48,7.

3,15 *Kommandanten:* Befehlshabers. Kleist verwendet in
den ersten beiden Drucken der Erzählung zumeist die
Form »Commandant« wohl in Anlehnung an it. *commen-
datore;* nur vereinzelt steht in der *Phöbus*-Fassung die
Form »Commandant« (8,2 f., 8,18, 8,35), an ebenfalls drei
Stellen in den *Erzählungen* die Form »Kommandant« (6,6,
6,35, 7,2). Neuerdings ist versucht worden, diese ortho-
graphischen Unterschiede für die Textfassung von 1810
interpretatorisch zu nutzen und die beiden Schreibungen
des Wortes »Commendant« auf unterschiedliche Aspekte
der Person des Obristen zu beziehen (Reuß, S. 18 f.). Daß
die Abweichungen der Schreibung sich in der *Phöbus*-Fas-
sung freilich an ganz anderen Stellen der Erzählung als in
der Fassung von 1810 finden, wird hierbei nicht berücksichtigt. Und gar keine Beachtung findet der Umstand, daß
die Schreibung von Fremdwörtern um 1800 nicht in jedem
Fall eindeutig geregelt war; Campes Fremdwörterbuch
stellt 1813 die beiden Formen »Commandant« und
»Commendant« als gleichwertige Alternativen nebeneinander. Für dieses Wort hat also keine verbindliche Recht-

schreibnorm existiert, deren Vorhandensein allererst die
Voraussetzung dafür wäre, durch Abweichungen von ihr
neue semantische Akzente zu setzen.

Zitadelle: Kleine Festung mit 4–6 Bollwerken, angelegt
zum Schutz der Stadt, hier offenbar – wie allgemein üblich – außerhalb der Stadtmauern (»bei M…«).

3,16 *Marquis:* Adelstitel. Obwohl die Erzählung in Italien
spielt, verwendet Kleist – wie auch bei der »Marquise« –
die französische Form des Titels anstelle des italienischen
›Marchese‹; im *Bettelweib von Locarno* hingegen stehen
die italienische und die französische Form nebeneinander
(SW II,196 und 198). Hier dürfte der ausschließliche
Gebrauch der französischen Form damit zusammenhän-
gen, daß die Gespräche der Familie des Obristen mit dem
Grafen auf französisch geführt werden; vgl. 5,10. Zudem
entspricht der in der Erzählung vorausgesetzte Rang des
Marquis dem der französischen Adelshierarchie. Denn
während in Italien ein Marchese (analog dem deutschen
Markgraf) höher stand als ein Conte (Graf), konnte in
Frankreich ein Marquis dem Grafen über- wie unter-
geordnet sein. Diese zweite Möglichkeit setzt Kleist in der
Erzählung voraus – und schafft damit die Voraussetzung
für den Aufstieg der Marquise in eine höhere Rangstufe
durch die Hochzeit mit dem Grafen F…

3,23 *Kommandantenhaus:* Wohnsitz des Kommandanten,
offensichtlich Teil der Zitadelle selbst oder ihr unmittelbar
benachbart.

3,26 *Eingezogenheit:* Zurückgezogenheit.

3,27 *der … Krieg:* vgl. Anm. zu 3,1.

3,28 *fast aller Mächte:* In Norditalien kämpften 1799 auf der
Seite der Koalition österreichische und russische Truppen,
auf der Seite Frankreichs französische, italienische und
polnische.

3,29 *Obrist:* Oberst; Befehlshaber eines Heeres oder einer
Heeresabteilung.

3,30 *Order:* militärischer Befehl. In den Ausgaben von 1808
und 1810: »Ordre«.

3,33 *Abschätzung:* Abwägung.

4,4 *berennt:* angegriffen. Die Bildung des Präteritums und des Partizips Perfekt von »rennen« und den davon abgeleiteten Formen mit »e« entspricht dem Sprachgebrauch um 1800.

4,5 *erklärte gegen:* erklärte gegenüber.

4,7 *Kugeln:* aus Eisen oder Blei gefertigte Kanonenkugeln.
Granaten: kleinere Sprenggeschosse, die aus einer hohlen, mit Pulver gefüllten Metallkugel bestehen, mit einer Zündschnur versehen sind und mit Kanonen verschossen oder mit der Hand geworfen werden. Größere Geschosse derselben Konstruktion sind Bomben; vgl. 6,5.

4,8 *bombardierte:* beschoß mit Granaten und Bomben; vgl. 4,7 und 6,5.

4,9 *Magazine:* Vorratshäuser für Kriegsmaterial; offenkundig identisch mit den »Arsenälen« in 6,5.
Außenwerk: kleinere Befestigung, die zum Schutz der Zitadelle vor deren Hauptwall liegt.

4,12 f. *mit Sturm:* im Sturmangriff.

4,15 *Haubitzenspiel:* Haubitzenkampf. Eine Haubitze ist ein größeres Geschütz, mit dem Kugeln und Granaten verschossen werden. Die Verwendung von »Spiel« in der Bedeutung »Kampf« ist seit dem Mittelalter gebräuchlich; bei Kleist findet sie sich auch in der *Penthesilea* (V. 667).

4,17 *Obristin:* Frau des Obristen.

4,24 *des Schlosses:* des Kommandantenhauses; vgl. 5,26 und auch 5,13: »Flügel des Palastes«.

4,26 *besinnungslos:* ohne sich zu besinnen.

4,29 f. *Scharfschützen:* besonders gut ausgebildete Schützen mit weitreichenden Gewehren.

4,30 *ward:* von Kleist häufig verwendete Nebenform zu »wurde«.

4,31 *hing:* hängte. Die Verwechslung des intransitiven, stark konjugierten Präteritums »hing« mit dem transitiven, schwach konjugierten Präteritum »hängte« ist wohl auf die Identität einiger transitiver und intransitiver Formen im Präsens von »hängen« zurückzuführen.

4,34 *Rotte:* Bande mit verbrecherischen Absichten; so noch 7,33. In 6,26 wird derselbe Begriff zur neutralen Kennzeichnung von Gruppen von Soldaten verwendet.

4,36 *Frauen:* Bedienten.

Hülfe: Hilfe; die gerundete Form war bis ins 19. Jh. üblich.

5,2 *Zetergeschrei:* alter Begriff der Rechtssprache: lauter Hilferuf in Bedrängnis, dem alle Nachbarn folgen müssen.

5,3 *Hunde:* Die verächtliche, moralisch verurteilende Bezeichnung wird hier in der Erzählerrede verwendet; vgl. dagegen 36,16.

5,4 *lüstern:* ein heftiges, nicht speziell sexuelles Verlangen empfindend.

5,6–8 *stieß … mit dem Griff des Degens ins Gesicht:* eine gegenüber dem standesgemäßen Hieb oder Stich mit der Degenklinge zugleich entehrende Geste.

5,6 *Mordknecht:* Mörder. Dieser Begriff findet sich bei Kleist noch im *Erdbeben* (SW II,158,12) und in der *Hermannsschlacht* (V. 2496), wie er überhaupt mehrfach Nominalkomposita mit dem Bestimmungswort »Mord« bildet: »Mordzug« (SW II,19,31), »Mordgeheul« (SW II,15,11), »Mordwüterich« (SW II,63,2 f.), »Mordhieb« (SW I,328,191), »Mordmähre« (SW I,501,1977), »Mordgrund« (SW I,600,1892).

5,10 *verbindlichen:* höflichen, gefälligen.

französischen Anrede: Französisch war im 18. Jahrhundert die gemeinsame Sprache des europäischen Adels.

5,11 *Auftritten:* merkwürdigen, außergewöhnlichen Ereignissen; vgl. 25,37.

5,14 *Hier –:* Die auffällige Interpunktion gibt einen deutlichen Hinweis auf die Tat des Grafen, obwohl diese selbst verschwiegen wird. Auch sonst verwendet Kleist mehrfach Gedankenstriche zur Bezeichnung einer Pause im Satz; vgl. 47,9 oder etwa: »Ich – war in der Kapelle« (*Prinz von Homburg,* V. 408, SW I,650).

5,14 f. *traf … Anstalten:* ergriff Maßnahmen.

5,20 *Pardon geben:* das Leben eines Besiegten, Gefangenen
oder Verurteilten verschonen.

5,25 *reichte ihm seinen Degen dar:* Der freiwillige Verzicht
auf das Statussymbol Degen ist eine Geste der Kapitula-
tion. Psychoanalytische Deutungen interpretieren an dieser Stelle den Degen zugleich als Phallussymbol (vgl.
Politzer, S. 112; Grathoff, *Zeichen,* S. 218).

5,30 *Wache:* ein einzelner oder mehrere Soldaten, welche
von ihrer sonstigen Aufgabe befreit sind.

5,31 *Detachements:* Detachement: kleinere Gruppe von Soldaten, die von ihrem Regiment freigestellt und mit besonderen Aufgaben betraut sind.

5,33 *bemannte:* besetzte mit Soldaten.

5,34 *Forts:* kleineren, befestigten Ortes; gemeint ist die Zita-
delle.
Waffenplatz: ein freier Platz vor der Zitadelle, der der
Truppenaufstellung dient.

6,4 *Asiaten:* Diese Bezeichnung der russischen Soldaten betont hier ihre Wildheit und Unzivilisiertheit.

6,5 *Arsenälen:* vgl. Anm. zu 4,9.
gefüllte Bomben: Bomben, die bereits mit Pulver gefüllt
sind; vgl. Anm. zu 4,7.

6,9 *Beihülfe:* Hilfeleistung.

6,14 *versicherte ihn:* Die Konstruktion mit Akkusativ der
Person war um 1800 gebräuchlich; vgl. jedoch 34,7 f.:
Konstruktion mit Dativ der Person.

6,17 *Obristlieutenant:* Oberstleutnant; eine Rangstufe
unterhalb des Obristen.
t...n: wahrscheinlich ein von einem Orts- oder Personen-
namen abgeleitetes Adjektiv.

6,18 *Jägerkorps:* militärische Einheit leichtbewaffneter Soldaten.

6,18 f. *Ritter eines Verdienst- und mehrerer anderen Orden:*
Im 17. und 18. Jh. entstanden mehrere militärische Tapfer-
keits- und Verdienstorden, die fast immer in den interna-
tional gebräuchlichen Klassen Ritter, Offizier, Komman-
deur, Großoffizier verliehen wurden. In Rußland gab es

u. a. den 1698 von Peter dem Großen gestifteten St.-Andreas-Orden und den seit 1769 verliehenen Georgs-Orden.

6,23 *ungesäumt:* unverzüglich.

6,26 *Wällen:* Wälle: Erdaufschüttungen rund um die Festung, die sie vor Angriffen schützen sollen.

6,26 f. *die zerschossenen Rotten revidierte:* die Gruppen verwundeter Soldaten musterte.

6,29 f. *den er seinen Geschäften würde abmüßigen können:* für den er sich von seinem Dienst freimachen könnte.

6,32 *Rapporte:* militärische Berichte.

mehrer: mehrerer. Die adjektivische Verwendung von »mehr« war im 18. Jh. gebräuchlich.

7,10 *zuvörderst:* zunächst.

eignen: Die Synkopierung des unbetonten »e« in Ableitungssilben findet sich mehrfach bei Kleist, z. B. noch 7,27.

7,13 f. *des Kaisers:* Der russische Zar Paul I. (geb. 1754, seit 1796 Zar, 1801 bei einer Offiziersverschwörung ermordet) kämpfte seit 1798 gegen Napoleon, mit dem er sich jedoch 1800 verbündete. Der Gebrauch des deutschen Titels »Kaiser« für den Zaren war um 1800 gebräuchlich; in der Erzählung dokumentiert seine Verwendung zugleich – wie die der französischen Form »Marquise« – Kleists Gleichgültigkeit gegenüber historischer Korrektheit (vgl. Grathoff, *Zeichen*, S. 215).

7,14 *brandmarkten:* entehrten.

7,18 *Reverberen:* Lampen, deren Licht durch ein glänzendes Metall oder einen Spiegel reflektiert wird.

7,30 *Behältnis:* als Gefängnis dienender Raum. In derselben Bedeutung verwendet Kleist den Begriff in einem Brief aus der französischen Gefangenschaft: »worauf man uns andere Behältnisse anwies, die wenigstens den Namen der Wohnungen verdienen konnten.« (SW II,779).

7,31–34 *ließ … erschießen:* Die sofortige Exekution erfolgt nach dem für den Zeitpunkt der Erstürmung der Zitadelle geltenden Kriegsrecht. Gemäß den Bestimmungen des *Allgemeinen Landrechts für die Preußischen Staaten* von 1794

fällt eine Tat wie die des Grafen F... hingegen in den Gel-
tungsbereich des Zivilrechts, da die Vergewaltigung erst ge-
raume Zeit nach Beendigung der Kriegshandlungen offenbar wird. »Notzucht« konnte nach dem Allgemeinen Land-
recht mit bis zu sechsjähriger Zuchthausstrafe geahndet werden (II,20 § 1048); darüber hinaus war der Täter seinem
Opfer zur »Privatgenugtuung« verpflichtet (II,20 § 1059).
Ohne Anklage durch die »Beleidigten« jedoch und ohne die
Feststellung eines öffentlichen Ärgernisses unterblieb die
gerichtliche Verfolgung eines Notzuchtverbrechens (II,20
§ 1060).Vgl. dazu insgesamt Ziolkowski, S. 43 f.

7,35 *Dies abgemacht:* Nachdem dies erledigt war. Dieselbe
knappe Partizipialwendung bezieht sich im *Findling* auf
die Ermordung Nicolos durch seinen Adoptivvater (SW
II,214).

8,1 *Korps:* Unterabteilungen einer Armee.

8,3 f. *daß er sich der Frau Marquise ... gehorsamst empfehlen
müsse:* daß er sich verabschiede und die Marquise grüßen
lasse; »sich empfehlen« ist eine höfliche Grußformel; vgl.
16,22, 22,23 f., 31,27, 34,23. Überhaupt ist der häufige Gebrauch formelhafter Wendungen in der Erzählung auffällig.

8,11 f. *Gefecht mit den feindlichen Truppen:* An der Trebbia
fand in der Nähe von Piacenza vom 17. bis 19. Juni 1799
eine Schlacht statt.

8,13 *Kurier:* Eilbote, Schnellreiter.

8,15 *nach P...:* vgl. Anm. zu 3,1.

8,18 *Posthaus:* Station für Postwagen.

8,33 *Monden:* Monate. In dieser Bedeutung hat sich bis ins
19. Jahrhundert die schwache Deklination erhalten.

9,4 f. *immerwährenden:* ständigen.

9,6 f. *knüpfte ... an:* nahm wieder auf.

9,8 *Feierstunden:* Zeit, in der man nicht arbeitet.

9,12 *Übelkeiten:* Anfällen von Übelkeit; die Verwendung
des Plurals entspricht dem Zeitgebrauch.

9,15 *Tee:* Im 17. und 18. Jahrhundert hatten sich Kaffee und
Tee als Getränke des Bürgertums in Nordwesteuropa
etabliert. Die um den Kaffee- und Teetisch versammelte

Familie ist in der bildenden Kunst bis in die Biedermeierzeit ein beliebtes Motiv der Darstellung bürgerlichen Privatlebens, dem in der Erzählung die wiederholte Schilderung des gemeinsamen Teetrinkens der Familie des Obristen (noch 39,12) entspricht (Schivelbusch, S. 74, Lorenz, S. 139 ff.); vgl. auch das gemeinschaftliche, Muße für die Zeitungslektüre gewährende Frühstück des Obristen-Ehepaares (35,37–36,1).

9,17 *Gedankenlosigkeit:* geistigen Abwesenheit.

9,23 *Sensation:* sinnliche Empfindung.

9,26 *Phantasus … Morpheus:* Traumgötter, bei Ovid (*Metamorphosen*) Söhne des Schlafgottes.

9,33 *Forstmeister:* Waldaufseher, Vorgesetzter von Oberförstern, Förstern und Waldarbeitern.

9,35 *Kammerdiener:* Diener eines vornehmen Herren, der ihn in seinen Wohn- und Schlafräumen bedient.

10,5 *schön, wie ein junger Gott:* redensartliche Wendung (vgl. DWB 8,1121 und Campe 2,425).

10,12 *erstanden:* auferstanden, zurückgekehrt.

10,25 *Aufführung:* Betragen, Verhalten; vgl. 20,24.

10,37 *fahren ließ:* losließ.

11,2 *tödlich:* lebensbedrohlich.

11,4 *an seinem Leben verzweifelt hätte:* die Hoffnung auf Erhaltung seines Lebens aufgegeben hätte; die Konstruktion war bis ins 19. Jh. hinein gebräuchlich (vgl. DWB 12,2681).

11,13 *Depeschen:* Eilschreiben, dienstliche Papiere.

11,15 f. *Konstantinopel / St. Petersburg:* Beide Städte gehörten zum Gebiet der Koalition.

11,15 *abgeordert:* abkommandiert.

11,19 *ins Reine zu sein:* ins Reine gekommen zu sein; Klarheit zu haben; vgl. 34,5.

11,22 f. *mit der Hand der Frau Marquise beglückt zu werden:* ihre Einwilligung in die Hochzeit zu erhalten.

11,24 f. *sich .... gütig zu erklären:* die Güte zu haben, eine Entscheidung mitzuteilen.

11,31 *Verbindlichkeit:* moralische Verpflichtung.

11,33 f. *eine Abänderung erleide:* geändert werde.

12,13 f. *zu großen Voraussetzungen berechtige:* auf großes Entgegenkommen hoffen lassen könne.

12,17 *unerlaßlich:* bis ins 19. Jh. übliche Nebenform zu »unerläßlich«.

12,24 *bestimmte:* entschiedene, endgültige; vgl. 12,5.

12,32 *Ruf:* Leumund, öffentliches Ansehen.
wenn anders: wenn nun einmal, sofern.

12,34 *einstehen:* bürgen.

13,4 f. *daß er alle diese Äußerungen unterschreibe:* daß er allen diesen Äußerungen uneingeschränkt zustimme. Die Wahl des Begriffes »unterschreiben« markiert die sachlich-geschäftliche Haltung des Kommandanten bei diesem Gespräch.

13,9 *obwalte:* bestehe; vgl. 27,32.
heben: beheben, beenden.

13,13 *frei:* weder verheiratet noch verlobt.

13,14 *General K....:* vgl. Anm. zu 3,1.

13,14 f. *er stehe:* er sich verbürge.

13,17 *Italien zu seinem Vaterlande zu machen:* Trotz seiner Bereitschaft, nach der Eheschließung in Italien zu leben, werden die späteren Söhne des Grafen und seiner Frau als »junge Russen« bezeichnet (50,1).

13,20 *von dieser Sache abzubrechen:* davon Abstand zu nehmen.

13,25 *General en Chef:* der oberste Befehlshaber einer militärischen Aktion. Im Zweiten Koalitionskrieg leitete der russische General Suwarow die Besetzung Oberitaliens.

13,33 *irgend:* überhaupt; vgl. 19,17.

13,36 *aussetzen:* unterbrechen, aufschieben.

14,7 *suchen:* überlegen.

14,13 *Expedition:* Beförderung.
nach Z....: In Zürich befand sich im Zweiten Koalitionskrieg das Hauptquartier des russischen Generals Korsakow; vgl. Anm. zu 3,1.

14,14 *Hauptquartier:* Generalstab; Sitz des kommandierenden Generals und der höchsten Offiziere.

14,26 *gegen die Übrigen:* gegenüber den übrigen: vgl. 18,12 f.

14,37 *Festungsarrest:* Festungshaft.

15,1 *Kassation:* entehrende Dienstentlassung.

obenein: obendrein, zusätzlich.

15,3 *Schreckschuß beim Sturm:* Das Verhalten des Grafen gegenüber der Marquise und ihrer Familie wird mehrfach mit militärischen Begriffen beschrieben, vgl. 15,14, 15,19 ff., 16,32 f. und 20,6 f.

15,22 *den angespannten Wagen:* die zur Abfahrt bereite Reisekutsche.

15,26 *Domestikenstube:* Raum für das Dienstpersonal.

15,27 *Adjutanten:* Adjutant: Dienstgehilfe eines Offiziers im Range eines Leutnants.

Pakete: kleinere Packen, z. B. von Briefen oder anderen Schriftstücken.

15,30 *nicht schicklichen:* nicht angemessenen, ungeeigneten.

15,33 *fortschrieb:* fortfuhr zu schreiben.

15,37 *Portefeuille:* große, lederne, mit einem Schloß versehene Mappe zum Transport von Schriftstücken; Brieftasche.

16,16 *gefälligst:* Höflichkeitswendung im Sinne von: »wenn es Ihnen beliebt«; auch 20,13 und 37,9.

16,18 *rief:* befahl.

16,22 *trocknen:* ausdruckslosen.

16,23 f. *Gouverneur des Platzes:* militärischer Oberbefehlshaber des Ortes, dem der Graf als russischer Offizier untersteht.

16,26 *Abendtafel:* große Abendmahlzeit, Souper.

16,29 *Vorstellungen:* eindringliche Darlegungen; vgl. 17,14.

16,32 *in aller Welt:* bekräftigender Ausruf.

16,32 f. *auf Kurierpferden gehenden:* bildlicher Ausdruck für: mit Nachdruck betriebenen.

17,3 *arbeitete:* wohl: mit einer Handarbeit beschäftigt war.

17,11 *schließen:* gefangen setzen.

17,12 *arretieren:* verhaften.

17,16 *gegen die Nacht:* bei Einbruch der Dunkelheit.

17,22 *erharrte:* erwartete.

17,24 *unterhielt … von:* unterhielt mit Berichten von.

17,25 f. *des Gefechts … erwähnte:* das Gefecht erwähnte; die Genitivkonstruktion war um 1800 gebräuchlich.

17,27 *verwickelte ihn … bei:* verwickelte ihn in ein Gespräch über.

17,29 *gehörigen:* erforderlichen und angemessenen.

17,35 *Schwans:* Die Gleichsetzung der Marquise mit einem Schwan dürfte durch die emblematische Tradition zu erklären sein, die den Schwan als Sinnbild der Reinheit, Unschuld, Frömmigkeit, Großmütigkeit und Gelassenheit deutet; in der christlichen Ikonographie ist der Schwan ein Mariensymbol. Hinsichtlich der möglichen Lokalisierung der Erzählung ist es bemerkenswert, daß Mantuas altes Wappen einen Schwan zeigt.
verwechselt: vertauscht.

18,1 *Kot:* Schmutz.

18,2 *sie:* Schon vor Nennung des Namens wechselt der Graf bei der Schilderung des Schwans vom maskulinen zum femininen Genus und verstärkt so die Gleichsetzung mit der Marquise; vgl. Politzer, S. 119.

18,3 *feurigen Fluten:* evtl. eine Reminiszenz an den in der Offenbarung des Johannes mehrfach erwähnten »feurigen Pfuhl« (Offb. 19,20, 20,10, 20,14, 20,15).

18,4 *Thinka:* vermutlich eine Abkürzung der slawischen Koseform »Kathinka«, die sich von dem Namen »Katharina« (›die Reine‹) herleitet.

18,18 *Infame:* Unehrenhafte.

18,20 f. *zu … einer Äußerung … verstehen:* zu einer Äußerung bereitfinden.

18,26 *auf ein zweites Spiel setzen:* ein zweites Mal riskieren, aufs Spiel setzen.

19,21 *Wagstück:* Risiko.

19,33 *verwickeln:* verpflichten.

20,4 *sich anheischig mache:* verspreche, sich zutraue.

20,10 *hinterbringen:* überbringen.

20,32 *Jäger:* ein herrschaftlicher Diener in der grünen oder grauen Tracht eines Jägers oder ein leicht bewaffneter Soldat in Jägertracht; beide Bedeutungen sind hier möglich.

flog: Die übertragene Bedeutung von »fliegen« im Sinne von »schnell den Ort verändern« war um 1800 gebräuchlich.

Prämien: Prämie: Kaution; die bei einem Geschäft zur Absicherung zu hinterlegende Summe.

20,35 *B…:* vgl. Anm. zu 3,1.

21,1 *fernere:* in größere Ferne führende.

21,2 *auf den äußersten Fall:* im äußersten Fall.

21,2 f. *sich krank anzugeben:* sich krank zu melden. Vgl. dagegen 10,11 ff.: die Marquise ist bemüht, ihre tatsächlichen Beschwerden herunterzuspielen.

21,4 *in Zeit von:* innerhalb von.

21,5 *unfehlbar:* mit Sicherheit.

21,15 *von Sinnen sei:* den Verstand verloren habe. Verwandte Formulierungen werden in der Erzählung noch mehrfach gebraucht; vgl. 26,2 f., 31,28 f., 34,7.

21,24 *Zuschrift:* Brief.

21,29 *Lebhaftigkeit:* Stärke; vgl. 22,3, 26,33 f.

21,31 *entdeckte sich:* vertraute sich an.

21,33 *Zufälle:* in der zeitüblichen Bedeutung: Symptome von Unwohlsein.

22,1 *empfindlichsten:* schmerzhaftesten.

22,3 *wunderbarer:* Verwunderung erregender.

22,6 *Diwan:* Liege; eine gepolsterte, auch als Bett benutzbare Sitzgelegenheit ohne Rückenlehne.

22,16 f. *zog … die Klingel:* rief einen Bedienten herbei. Mittels eines Drahtes oder einer Schnur in den Aufenthaltsräumen der Familie konnte man eine Glocke an der Wand der Bedientenstube in Bewegung versetzen; vgl. 26,10 f., 34,9.

22,21 *empfindlich:* gekränkt; vgl. dagegen Anm. zu 22,1.

22,29 f. *da er noch einen Handschuh, den er hatte fallen lassen, von der Erde aufnahm:* Der dem Gegner vor die Füße geworfene Fehdehandschuh ist ein Gestus der Provokation; hier nimmt die Marquise die Herausforderung des Arztes jedoch nicht an (vgl. Fischer, S. 49).

22,30 f. *die Möglichkeit davon:* elliptische Konstruktion:
Wie ist die konstatierte Schwangerschaft möglich?

22,33 *verneigte sich ihr:* Die Konstruktion von »verneigen«
mit Dativobjekt ist in der Erzählung ungewöhnlich, Kleist
verwendet sonst die Präposition »gegen«, z. B. 14,26,
18,12 f., 48,3.
ging ab: eine szenische Anweisung, die eher in einem
dramatischen Nebentext zu erwarten wäre; ebenso
31,29.

22,34 *wie vom Donner gerührt:* vor Schreck erstarrt. Die
bildliche Formulierung geht auf Ovids *Metamorphosen*
zurück (5,510).

23,1 *Bewegung:* Erregung.
durchlief: ging in Gedanken durch.

23,7 f. *Nichtswürdigen:* Schamlosen, Niederträchtigen. Im
Fortgang der Erzählung wird das Adjektiv, mit dem hier
der Arzt bezeichnet wird, seitens der Familie vor allem auf
die Marquise angewendet (27,1, 31,22, 36,22); vgl. ferner
39,25 und 40,16 f.

23,15–17 *Gräber befruchtet werden, und sich dem Schoße
der Leichen eine Geburt entwickeln wird:* vielleicht eine
Anlehnung an biblischen Sprachgebrauch; vgl. z. B. Jer.
20,17.

23,17 *wunderliches:* seltsames, sonderbares.
Weib: Entgegen der verbreiteten negativ konnotierten
Verwendung von »Weib« drückt dieser Begriff im 18. Jh.
sowohl in der Bibelsprache als auch in der vertrauten Rede
an und über verheiratete Frauen durchaus Anerkennung
und Wertschätzung aus; vgl. 27,15.

23,19 *dich rein spricht:* dich – zumal in geschlechtlicher Hinsicht – für unschuldig erklärt.

23,21 *Konsulta:* beratende Gruppe.

23,23 *gleichviel:* einerlei.

23,25 *konvulsivischen:* krampfartig zuckenden; ebenso
43,16.

24,6 *mittelmäßiger:* durchschnittlicher.

24,20 *Entwürdigung:* Entrüstung.

24,26 *Wochenlager:* Wochenbett; die Zeit, die eine Frau nach der Entbindung im Bett verbringt.

25,7 *Märchen:* hier: vorsätzliche und phantastische Lüge; vgl. 36,24.

25,11 *dir ... gut werden:* mich mit dir versöhnen; formelhafte Wendung, noch 41,10 ff., ähnlich 42,25.

25,20 *häufig:* stark, zahlreich; vgl. 38,23.

25,36 f. *ungläubig ... an:* voll Zweifel über.

26,12 *Leute:* Bedienten.

26,16 *krank liege:* erkrankt sei.

26,22 *jungem Blut:* junges Blut: redensartlicher Ausdruck für »junge Menschen«.

26,23 *Geschäft:* Untersuchung.

26,25 *wüsten:* unbewohnten.

26,27 *Korsar:* Seeräuber.

26,30 *überwältigen:* bändigen, unterdrücken.

27,1 f. *Verflucht sei die Stunde, da ich dich gebar!:* Diese Verfluchung der Marquise durch ihre Mutter geschieht vor der Verstoßung durch ihren Vater, freilich auf eine viel impulsivere und – wie der Fortgang der Erzählung zeigt – weniger bindende Weise.

27,8 f. *unwissentlichen:* unbewußten.

27,10 *Tuch:* hier: Brusttuch; vgl. 42,27.

27,13 f. *im Reiche der Natur sei:* in der Natur möglich sei.

27.14 f. *außer der heiligen Jungfrau:* Dieser Vergleich mit der unbefleckten Empfängnis Marias findet sich ebenso wie der spätere Gedanke der Marquise über ihr Kind, daß »dessen Ursprung, eben weil er geheimnisvoller war, auch göttlicher zu sein schien, als der anderer Menschen« (30,6 bis 30,8), noch nicht im ersten Druck von 1808, sondern erst in der Fassung von 1810.

27,19 *Beängstigung:* Verängstigung.

27,22 *Mittel:* Maßnahmen, um Schwangerschaft und Geburt vor der Umgebung geheimzuhalten; vgl. etwa die *Sonderbare Geschichte ...* (SW II,271–274; s. Kap. II); das von der Marquise im Fortgang der Erzählung angewendete »Mittel« (30,10) hat jedoch gerade das Ziel, die Schwangerschaft publik zu machen, um den Vater des Kindes zu finden.

27,23 *Leumund der Welt:* öffentliche Meinung über die moralische Beschaffenheit einer Person.

27,26 *sammelte sie sich:* beruhigte sie sich.

27,31 *ausließ:* äußerte.

27,33 f. *Er sende ihr hierbei die über ihr Vermögen lautenden Papiere:* Durch diesen Akt sagt sich der Vater, der offenkundig nach dem Tode des Marquis die finanziellen Angelegenheiten seiner Tochter verwaltet hat, von jeder Verantwortung und Fürsorge für sie los.

27,37–28,1 *stürzte der Schmerz aus den Augen:* bildlicher Ausdruck für »(sie) begann plötzlich stark zu weinen«.

28,23 *ein Pistol:* eine Pistole; eine kurze, einhändig zu bedienende Feuerwaffe; in 42,14 gebraucht Kleist die heute geläufige feminine Form des Substantivs; in 34,37 und 35,1 wiederum die neutrale Form.

28,29 f. *matt bis in den Tod:* vgl. Mt. 26,38.

28,35 f. *Zurücklassung und Überlieferung der Kinder:* Dies würde die Übertragung der elterlichen Rechte an den Kommandanten, den Großvater der Kinder, bedeuten.

29,9 *Aufruhr:* Aufregung.

29,11 *Beute:* Hier wird mit einer militärischen Metapher erstmals das Verhalten der Marquise beschrieben, während dieses Metaphernfeld in der Erzählung sonst auf die Tätigkeiten ihres Vaters und des Grafen bezogen ist, vgl. weiter 29,15 ff. und 29,23 sowie Anm. zu 15,3.

29,23 *Anfälle:* feindliche Angriffe.

29,25 *ausschließendem:* ausschließlichem.

29,26–28 *des Geschenks … zu pflegen:* das Geschenk zu pflegen.

30,1 *abgelaufen:* verstrichen.

30,1 f. *in ewig klösterlicher Eingezogenheit:* zurückgezogen wie in einem Kloster; vgl. Anm. zu 3,26.

30,3 *Türsteher:* Im ersten Druck von 1808 steht die französische Form »Portier«.

30,6–8 *dessen Ursprung … Menschen:* vgl. Anm. zu 27,14.

30,10 *Mittel:* vgl. Anm. zu 27,22.

30,19 f. *zum Auswurf seiner Gattung gehören müsse:* ein durch und durch verdorbener Mensch sein müsse.

30,22 *unflätigsten:* widerlichsten.

30,26 f. *griff … ein Herz:* faßte Mut; entschloß sich.

30,28 f. *Intelligenzblätter:* regelmäßig erscheinende lokale Nachrichten- und Anzeigenblätter.

31,37 *zweideutige:* doppelsinnige; ähnlich 12,33.

32,7 f. *Mauer eines weitläufigen Gartens:* Der verschlossene Garten (hortus conclusus) ist seit dem frühen Mittelalter ein verbreitetes Symbol für die Jungfrau Maria. In der Malerei bildete sich der entsprechende Typus des »Paradiesgärtleins«: Maria mit dem Kind auf einer mit Blumen bedeckten Wiese oder einer Bank sitzend, von einem Flechtzaun oder einer Mauer umgeben.

32,11 *Rampe:* eine flach ansteigende, als Auffahrt für Wagen dienende Fläche vor einem Haustor oder einer Tür.

32,13 f. *an einem kleinen Tischchen emsig arbeiten:* vgl. 17,3; ferner auch 35,27 f.

32,34 *sich loswickelte:* sich aus der Umarmung befreite.

33,14 *Ich will nichts wissen:* formelhafte Wendung mit der Bedeutung ›ich will davon nichts hören‹ (vgl. DWB 14,2, Sp. 760); mehrfach in Kleists Dramen (*Der zerbrochne Krug*, V. 509; *Amphitryon*, V. 1004 und 1006, hier nach »Je ne puis rien entendre« bei Molière). Ebenso heißt es später von der Marquise: »sie [. . .] wollte durchaus von Vermählung nichts wissen« (48,7–9). Ohne Rücksicht auf diese Parallelen haben einige Interpreten (z. B. Moering, Cohn, Politzer, Swales, Hoverland) die Stelle wörtlich verstehen wollen: als würde da ein ›Wissen‹ zugleich eingestanden und abgewehrt. Die typographische Hervorhebung (»*will* nichts«; in den ersten Drucken: Sperrdruck), auf die man sich dabei berufen hat, erklärt sich einfacher aus der Absicht, die Nachdrücklichkeit des mündlichen Ausdrucks (wie etwa auch im Falle von 19,31: »*diese*« oder besonders 41,9 f.: »ich *will* keine andre Ehre mehr, als deine Schande«) im Schriftbild wiederzugeben.

33,20 *zurasselte:* rasselnd zuschlug.

33,33 f. *in der übelsten Laune:* in größter Verstimmung.

33,34 f. *öffentlichen Tafel:* Mahlzeit in einem Gasthaus, table d'hôte.

34,2 f. *um der Höflichkeit ein Genüge zu tun:* um die höfliche Form zu wahren.

34,10 *Zeitungen:* identisch mit den zuvor genannten Intelligenzblättern (30,28 f.).

34,11 f. *eingerückt:* abgedruckt; in den Schriftsatz der Zeitungsseite eingefügt.

34,12 *durchlief:* las schnell durch; vgl. 23,1.

35,5 *Anwandlung:* hier: der soeben erlebte Ohnmachtsanfall.

35,9 *schaff sie mir:* elliptische Konstruktion; zu ergänzen wäre etwa »aus dem Haus«, »aus den Augen«.

35,16 *dunkel:* unverständlich.

35,21 f. *sein Gedächtnis ihrer ganz zu vertilgen:* seine Erinnerung an sie ganz auszulöschen.

36,2 *ganz feucht von der Presse kam:* unmittelbar nach dem Druck geliefert wurde; die Druckerschwärze ist noch nicht getrocknet.

36,9 *unerhörten:* außergewöhnlichen.

36,15 *verschmitzte:* raffinierte.

36,16 *Schamlosigkeit einer Hündin:* Hündinnen wird seit alters eine besondere sexuelle Aktivität nachgesagt.

36,17 *List des Fuchses:* Seit dem Altertum gilt der Fuchs als listiges und verschlagenes Tier.

36,18 *Cherub:* Engel.

36,24 *Fabel:* Lügengeschichte; vgl. 25,7.

37,13 *irre:* zweifelnd, unsicher.

37,15 *unterlegen:* unterstellen.

37,17 *dreist gemacht:* ermutigt.

37,27 *abgefeimteste:* durchtriebenste.

37,31 f. *siegelte … ein:* versiegelte; vgl. 15,27.

38,6 *Maßregel:* Anweisung.

38,21 *drückte sich:* beugte sich.

38,24 f. *den Diwan angewiesen hatte:* angeboten hatte, darauf Platz zu nehmen.

38,35 *öffentlichen Blättern:* Zeitungen.

39,9 *mit unruhig arbeitender Brust:* mit vor Aufregung bebender Brust.

39,13 f. *ein Mensch, von unsrer genauesten Bekanntschaft:* jemand, den wir gut kennen.

39,16 *unwissend:* nicht wissend.

39,22 *darzubieten:* auszuliefern.

39,27–29 *von allen Forderungen … entblößt:* sozial so gestellt, daß er die Voraussetzungen für eine Heirat mit der Marquise nicht erfüllt.

39,33 *Leopardo:* vgl. Anm. zu 3,1.

39,33 f. *sich … verschrieb:* durch briefliche Bestellung zu seinem Dienst verpflichtet hat.

40,21 *verderbte:* moralisch schlechte; die schwache Deklination war bis ins 19. Jh. gebräuchlich.

41,1 *Unsträflichkeit:* Unschuld.

41,7 *dein pflegen:* dich pflegen.

41,16 *Affekt:* länger anhaltende Gefühlsaufwallung.

41,21 *Bock:* Kutschersitz.

41,28 *Vorahndung:* Vorahnung.

41,35 *Thomas:* Nach Joh. 20,24–29 gibt der Jünger Thomas seine Zweifel an der Auferstehung Jesu erst auf, als er einen physischen Beweis dafür hat.

41,37 *Seigerstunde:* Stunde. Mit »Seiger« wird häufig eine Uhr bezeichnet.

42,20 f. *heranschluchzen:* Verbale Präfixbildungen zur Beschreibung von Bewegungen gehören zu den typischen Stilmerkmalen dieser Erzählung; vgl. »zurasselte« (33,20), »abschlüpfte« (41,34), »herumbeugte« (44,20).

42,21 *kömmt:* Im 18. Jh. war die Verwendung des Umlauts in der 2. und 3. Person Singular Präsens von »kommen« gebräuchlich.

42,27 *Tuch:* hier: Schnupftuch.

42,33 *dir abbitten:* dich um Verzeihung bitten.

43,18 *Anforderungen:* Aufforderungen.

43,35 ff. *Sie vernahm …:* Die Versöhnungsszene zwischen Vater und Tochter hat ein literarisches Vorbild in Rousseaus *Julie ou la Nouvelle Héloise* (1. Teil, 63. Brief); vgl. Kap. II. – Vor dem Hintergrund der Gefühlskultur des 18. Jh.s sind die vielen Tränen der von Kleist geschilderten Versöhnung sowie die enge körperliche Nähe von Vater und Tochter wenig befremdlich. Gleichwohl hat vor allem die zeitgenössische Kritik starken Anstoß an dieser Textpassage genommen (vgl. die Dokumente in Kap. IV.1); jüngere Interpretationen (z. B. Politzer, S. 114, Grathoff, *Zeichen*, S. 219) weisen auf die inzestuöse Färbung dieser Versöhnung hin. Vgl. dazu auch von Wilperts kritische Entgegnung (S. 81–83).

43,37 *Gelispel:* Flüstern.

44,3 *zugegeben:* erlaubt, geduldet.

44,8 *lechzende:* verlangende.

44,16 *geworden war:* zuteil geworden war.

44,18 f. *über den Mund:* mit dem Mund; die Verbindung von »beschäftigen« mit der Präposition »über« war um 1800 gebräuchlich.

44,33 f. *mit seiner Versöhnung:* ebenfalls versöhnt.

45,3 *Begünstigungen:* finanzielle Unterstützungen.

45,7 *adoptieren:* Durch diese Maßnahme verlöre das Kind den Makel der Unehelichkeit.

45,8 *ruchlos:* frevelhaft, gottlos.

45,32 *eilf:* elf.

46,9 *Kriegsrock:* Uniform.

46,21 *Wetterstrahl:* Blitz; vgl. die Figur des Grafen Wetter vom Strahl im *Käthchen von Heilbronn.*

46,26 *beklemmter:* gepreßter.

46,32 *den Sofa:* Im 18. Jh. wurde »Sofa« vorwiegend als Maskulinum gebraucht.

46,35 f. *faßte … den äußersten Saum ihres Kleides:* Geste der Demut; vgl. Mt. 9,20 oder Goethe, *Grenzen der Menschheit,* V. 7 f.

47,10 f. *Pestvergifteten:* Pestkranken.

47,15 *Furie:* Rachegöttin, in der bildenden Kunst häufig als Medusa mit tötendem Blick dargestellt.

47,18 f. *Gefäß mit Weihwasser:* übliches Ausstattungsstück katholischer Haushalte.

47,20 f. *besprengte ... Vater und Mutter und Bruder damit:* Zweck des Besprengens mit Weihwasser ist es, vor der Macht des Teufels zu schützen.

48,2 *Augustinerkirche:* eine von Augustinermönchen erbaute Kirche. Politzer nimmt an, Kleist meine die vermutlich von Bibbiena in Modena errichtete Kirche (Politzer, S. 107); diese Annahme ist jedoch nicht zwingend, da vielerorts Augustinerkirchen erbaut wurden.

48,8 f. *wollte durchaus von Vermählung nichts wissen:* vgl. Anm. zu 33,14.

48,11 *gehässiger:* verhaßter.

48,22 f. *Heiratskontrakt:* Heiratsvertrag.

48,26 *durchfeuchtet:* vgl. 27,35 f.

49,6 *Gräfin:* Mit der Hochzeit hat die Marquise Titel und Rang ihres Ehemannes übernommen.

49,19 *Teppichen:* Zierdecken.

49,23 *bewillkommten:* willkommen hießen.

49,24 *nach seiner Entfernung:* nachdem er sich entfernt hatte.

49,25 *Rubel:* russische Silbermünze.

II. Geschichte des Motivs

Handlungsverlauf und Motivbestand der Erzählung sind von der Kleist-Forschung, zumal in ihrer ›positivistischen‹ Phase zu Beginn des 20. Jahrhunderts, intensiv auf ihre *Quellen* hin untersucht worden. Eine »wahre Begebenheit«, die Kleist nur unter Verlegung des »Schauplatzes« erzählt hätte, hat sich bisher nicht nachweisen lassen. Freilich mögen ähnliche Ereignisse wie diejenigen, von denen Kleist erzählt, um die Jahrhundertwende mitunter vorgefallen sein – wie jenes, von dem HEINRICH VOSS (der Sohn des Homer-Übersetzers) am 31. Januar 1807 in einem Brief an Goethe berichtet:

»Ich muss Ihnen noch von einer Krankengeschichte Bericht ertheilen, die hier nicht blos unter den Ärzten, sondern auch bei uns Layen viel Aufmerksamkeit erregt hat, und einen Beweis abstattet, wie geheimnisvoll die Kräfte der Natur wirken. Unser Professor Weidenbach, ein leipziger Gelehrter, der vor einigen Jahren beim (Reichs-) Freiherrn von Münch Hofmeister war, verliebte sich in die schwerreiche Tochter des Hauses und die Eltern versprachen sie ihm, sobald er ein Amt erhielte, das der Familie Ehre brächte. Er wird darauf Privatdocent in Heidelberg und endlich Professor der Philosophie. Michaelis geht er nach A. um seine Braut heimzuholen. Wie ganz anders findet er diese, als er sie vor 14 Monaten verlassen hatte! leidend an den Folgen einer Verhizung und darauf eingetretenen kalten Fiebers; der Unterleib ist geschwollen und verhärtet, es zeigen sich unverdächtige Spuren der Wassersucht, und das Übel wächst täglich. Der trostlose Bräutigam erwirkt sich von den Eltern die Erlaubnis, sie nach Heidelberg führen zu dürfen, wo Creuzers sich erbieten, sie bis zur Wiederherstellung aufzunehmen. Ackermann wird ihr Arzt; nach der dritten Untersuchung zeigt sich, dass sie nicht blos Wasser, sondern auch ein Gewächs im Unterleibe habe. Bald mehren sich die

Schmerzen so, dass das Mädchen einmal nach Mitternacht halb wahnsinnig aus dem Hause läuft, und zu ihrem Bräutigam eilt. Dieser lässt sie statt seiner in seinem warmen Bette ruhn, und wird ihr getreuer Krankenwärter. Starke Digitalisdecocte, die das Mädchen einnehmen muss helfen nichts. Nach drei Tagen wird es dem Mädchen höchst unruhig im Leibe, fast wie einer Schwangeren, die Schmerzen nehmen immer zu – parturiunt montes, et nascitur ridiculus – doch keine Maus, kein Wasser, kein Gewächs, auch nicht dies und jenes, sondern ein frischer, gesunder, derber Junge. Bräutigam und Braut sahen sich darauf ⁵/₄ Stunde an, ohne ein Wort zu reden; keiner kann begreifen, wie das zugehe. Endlich besinnt sich die Braut einer Schäferstunde mit einem französischen Offizier kurz nach der Belagerung von Ulm, und bittet ihren Bräutigam mit Thränen um Vergebung. Diese Geschichte hat uns viel Spass gemacht, nur der Rudolfi nicht, der dies Beispiel nicht in ihren Erziehungsplan passt. Jezt sind Braut und Bräutigam sehr vergnügt mit einander, und freuen sich des Unterpfandes ihrer Liebe. Sie werden nun von hier gehen, und dann auf einem der Güter des Herrn von Münch einen fröhlichen Lebenswandel beginnen.«

> Zit. nach: F. Th. Bratranek: Nachträge zu Goethe-Correspondenzen. In: Goethe-Jahrbuch 5 (1884) S. 60 f.

Einen vergleichbaren Vorfall, nun schon in Italien, erzählt KLEIST selbst in den *Berliner Abendblättern* vom 3. Januar 1811:

Sonderbare Geschichte,
die sich, zu meiner Zeit, in Italien zutrug

Am Hofe der Prinzessin von St. C… zu Neapel, befand sich, im Jahr 1788, als Gesellschafterin oder eigentlich als Sängerin eine junge Römerin, namens Franzeska N…, Tochter eines armen invaliden Seeoffiziers, ein schönes und geistreiches Mädchen, das die Prinzessin von St. C…, wegen eines Dienstes, den ihr der Vater geleistet, von früher Jugend an, zu sich

genommen und in ihrem Hause erzogen hatte. Auf einer
Reise, welche die Prinzessin in die Bäder zu Messina, und
von hieraus, von der Witterung und dem Gefühl einer erneu-
erten Gesundheit aufgemuntert, auf den Gipfel des Ätna
machte, hatte das junge, unerfahrne Mädchen das Unglück,
von einem Kavalier, dem Vicomte von P..., einem alten
Bekannten aus Paris, der sich dem Zuge anschloß, auf das
abscheulichste und unverantwortlichste betrogen zu werden;
dergestalt, daß ihr, wenige Monden darauf, bei ihrer Rückkehr nach Neapel, nichts übrig blieb, als sich der Prinzessin,
ihrer zweiten Mutter, zu Füßen zu werfen, und ihr unter Tränen den Zustand, in dem sie sich befand, zu entdecken. Die
Prinzessin, welche die junge Sünderin sehr liebte, machte ihr
zwar wegen der Schande, die sie über ihren Hof gebracht
hatte, die heftigsten Vorwürfe; doch da sie ewige Besserung
und klösterliche Eingezogenheit und Enthaltsamkeit, für ihr
ganzes künftiges Leben, angelobte, und der Gedanke, das
Haus ihrer Gönnerin und Wohltäterin verlassen zu müssen,
ihr gänzlich unerträglich war, so wandte sich das menschen-
freundliche, zur Verzeihung ohnehin in solchen Fällen ge-
neigte Gemüt der Prinzessin: sie hob die Unglückliche vom
Boden auf, und die Frage war nur, wie man der Schmach, die
über sie hereinzubrechen drohte, vorbeugen könne? In Fällen dieser Art fehlt es den Frauen, wie bekannt, niemals an
Witz und der erforderlichen Erfindung; und wenige Tage
verflossen: so ersann die Prinzessin selbst zur Ehrenrettung
ihrer Freundin folgenden kleinen Roman.
Zuvörderst erhielt sie abends, in ihrem Hotel, da sie beim
Spiel saß, vor den Augen mehrerer, zu einem Souper eingela-
denen Gäste einen Brief: sie erbricht und überliest ihn, und
indem sie sich zur Signora Franzeska wendet: »Signora«,
spricht sie, »Graf Scharfeneck, der junge Deutsche, der Sie
vor zwei Jahren in Rom gesehen, hält aus Venedig, wo er den
Winter zubringt, um Ihre Hand an. – Da!« setzt sie hinzu,
indem sie wieder zu den Karten greift, »lesen Sie selbst: es ist
ein edler und würdiger Kavalier, vor dessen Antrag Sie sich
nicht zu schämen brauchen.« Signora Franzeska steht errö-

tend auf; sie empfängt den Brief, überfliegt ihn, und, indem sie die Hand der Prinzessin küßt: »Gnädigste«, spricht sie: »da der Graf in diesem Schreiben erklärt, daß er Italien zu seinem Vaterlande machen kann, so nehme ich ihn, von Ihrer Hand, als meinen Gatten an!« – Hierauf geht das Schreiben unter Glückwünschungen von Hand zu Hand; jedermann erkundigt sich nach der Person des Freiers, den niemand kennt, und Signora Franzeska gilt, von diesem Augenblick an, für die Braut des Grafen Scharfeneck. Drauf, an dem zur Ankunft des Bräutigams bestimmten Tage, an welchem nach seinem Wunsche auch sogleich die Hochzeit sein soll, fährt ein Reisewagen mit vier Pferden vor: es ist der Graf Scharfeneck! Die ganze Gesellschaft, die, zur Feier dieses Tages, in dem Zimmer der Prinzessin versammelt war, eilt voll Neugierde an die Fenster, man sieht ihn, jung und schön wie ein junger Gott, aussteigen – inzwischen verbreitet sich sogleich, durch einen vorangeschickten Kammerdiener, das Gerücht, daß der Graf krank sei, und in einem Nebenzimmer habe abtreten müssen. Auf diese unangenehme Meldung wendet sich die Prinzessin betreten zur Braut; und beide begeben sich nach einem kurzen Gespräch, in das Zimmer des Grafen, wohin ihnen nach Verlauf von etwa einer Stunde der Priester folgt. Inzwischen wird die Gesellschaft durch den Hauskavalier der Prinzessin zur Tafel geladen; es verbreitet sich, während sie auf das kostbarste und ausgesuchteste bewirtet wird, durch diesen die Nachricht, daß der junge Graf, als ein echter, deutscher Herr, weniger krank, als vielmehr nur ein Sonderling sei, der die Gesellschaft bei Festlichkeiten dieser Art nicht liebe; bis spät, um 11 Uhr in der Nacht, die Prinzessin, Signora Franzeska an der Hand, auftritt, und den versammelten Gästen mit der Äußerung, daß die Trauung bereits vollzogen sei, die Frau Gräfin von Scharfeneck vorstellt. Man erhebt sich, man erstaunt und freut sich, man jubelt und fragt: doch alles, was man von der Prinzessin und der Gräfin erfährt, ist, daß der Graf wohlauf sei; daß er sich auch in kurzem sämtlichen Herrschaften, die hier die Güte gehabt, sich zu versammeln, zeigen würde; daß dringende Geschäfte

jedoch ihn nötigten, mit der Frühe des nächsten Morgens
nach Venedig, wo ihm ein Onkel gestorben sei und er eine
Erbschaft zu erheben habe, zurückzukehren. Hierauf, unter
wiederholten Glückwünschungen und Umarmungen der
Braut, entfernt sich die Gesellschaft; und mit dem Anbruch
des Tages fährt, im Angesicht der ganzen Dienerschaft, der
Graf in seinem Reisewagen mit vier Pferden wieder ab. –
Sechs Wochen darauf erhalten die Prinzessin und die Gräfin,
in einem schwarz versiegelten Briefe, die Nachricht, daß der
Graf Scharfeneck in dem Hafen von Venedig ertrunken sei.
Es heißt, daß er, nach einem scharfen Ritt, die Unbesonnen-
heit begangen, sich zu baden; daß ihn der Schlag auf der
Stelle gerührt, und sein Körper noch bis diesen Augenblick
im Meere nicht gefunden sei. – Alles, was zu dem Hause der
Prinzessin gehört, versammelt sich, auf diese schreckliche
Post, zur Teilnahme und Kondolation; die Prinzessin zeigt
den unseligen Brief, die Gräfin, die ohne Bewußtsein in ihren
Armen liegt, jammert und ist untröstlich –; hat jedoch nach
einigen Tagen Kraft genug, nach Venedig abzureisen, um die
ihr dort zugefallene Erbschaft in Besitz zu nehmen. – Kurz,
nach Verfluß von ungefähr neun Monaten (denn so lange
dauerte der Prozeß) kehrt sie zurück; und zeigt einen aller-
liebsten kleinen Grafen Scharfeneck, mit welchem sie der
Himmel daselbst gesegnet hatte. Ein Deutscher, der eine
große genealogische Kenntnis seines Vaterlands hatte, entdeckte das Geheimnis, das dieser Intrige zum Grunde lag,
und schickte dem jungen Grafen, in einer zierlichen Hand-
zeichnung, sein Wappen zu, welches die Ecke einer Bank dar-
stellte, unter welcher ein Kind lag. Die Dame hielt sich
gleichwohl, unter dem Namen einer Gräfin Scharfeneck,
noch mehrere Jahre in Neapel auf; bis der Vicomte von P...,
im Jahr 1793, zum zweitenmale nach Italien kam, und sich,
auf Veranlassung der Prinzessin, entschloß, sie zu heiraten. –
Im Jahr 1802 kehrten beide nach Frankreich zurück.

                                                    SW II,271–274.

Fruchtbarer als die Suche nach historischen Quellen ist die Frage nach *Parallelen*: nach verschiedenen literarischen Behandlungen derselben oder einer ähnlichen Fabel wie die der *Marquise*.

Die Verknüpfung der beiden zentralen Motive der Kleistschen Novelle – »die Empfängnis einer Frau in völlig unbewußtem Zustand und ihr heroischer Entschluß, sich, da sie sich Mutter fühlt, des Vaters ihres Kindes durch Umfrage und Forschung zu vergewissern« (Klaar, S. 59) – findet sich allerdings nur in einem einzigen bekannten Text: einer Anekdote, die MONTAIGNE (1533–1592) im Jahr 1588 in seinem Essai über die Trunksucht erzählt:[1]

»Und auch das, was mir eine Dame erzählte, die ich vorzüglich schätze und ehre: Nicht weit von Bordeaux nach Castres hin, wo sie ihr Gut hat, habe, wie sie sagte, eine Bauersfrau und Witwe von sehr großem Geruch der Keuschheit, nachdem sie die ersten Merkmale der Schwangerschaft an sich wahrgenommen, zu ihren Nachbarinnen gesagt, sie würde glauben, sie sei schwanger, wenn sie einen Mann hätte. Da aber von Tag zu Tag ihre Mutmaßung stärker ward und endlich zur Gewißheit anwuchs, so tat sie den Schritt, von der Kanzel ihrer Kirche ablesen zu lassen, demjenigen, der um diesen Umstand wisse, und es gestünde, verspräche sie, zu verzeihen, und, falls ers wünsche, ihn zu heiraten. Einer ihrer jungen Ackerknechte, durch die Abkündigung dreist gemacht, erklärte, er habe sie an einem Festtage, da sie reichlich Wein getrunken gehabt, in so tiefem Schlafe und in einer solchen Stellung gefunden, daß er ihr habe beiwohnen können, ohne sie zu wecken. Sie leben noch miteinander verheiratet.«

> Michel de Montaigne: Gesammelte Schriften. Historisch-kritische Ausgabe mit Einleitungen und Anmerkungen unter Zugrundelegung der Übertragung von Johann Joachim Bode herausgegeben von Otto Flake und Wilhelm Weigand. Bd. 3: Essays, Buch 2, Kap. 1–12. München/Berlin: Georg Müller, 1915. S. 17 f.

1 Eine modernere Übersetzung von Herbert Lüthy ist im Nachwort der Reclam-Textausgabe (S. 77 f.) zu finden.

Das einzelne Motiv der »unwissentlichen Empfängnis« (27,9 f.) liegt hingegen vielen Erzählungen zugrunde – nicht bloß der biblischen Jesus-Legende, die der frommen Hebamme in den Sinn kommt (27,14–16); und es ist anzunehmen, daß Kleist die eine oder andere hier in Betracht kommende Schrift tatsächlich gelesen hat.

Die Umstände, unter denen die unwissentliche Empfängnis geschieht, wechseln von einer Erzählung zur nächsten. So wird in einem Schwank aus dem ersten Band des *Wendunmuth* (1563) von Hans Kirchhof (*Einer beschlefft ein magd*) ein erschöpftes Mädchen im Schlaf geschwängert; ihr Ziehvater hängt einen Stuhl, der sich bei der Schlafenden fand, an die Decke seiner Wirtsstube und erklärt auf neugierige Fragen, dieser Stuhl habe seiner Tochter »ein Kind gezimmeret«. In einer Novelle von Cervantes (*De la fuerça de la sangre* – dt. *Von der Macht des Blutes* – aus den *Novelas ejemplares*, den *Beispielhaften Novellen*) aus dem Jahr 1613 fällt die gewaltsam entführte Leocadia vor Schreck und Angst in Ohnmacht und wird in diesem Zustand ihres »kostbarsten Kleinods« beraubt. Hingegen läßt eine Erzählung der Madame de Gomez (*L'Amant Rival et Confident de Lui Mesme*), von der es seit 1740 auch eine deutsche Übersetzung gab (*Der Liebhaber, sein eigener Nebenbuhler und Vertrauter*), die Untat an einer aufgebahrten Scheintoten begehen. In allen Geschichten wird der Vater des schuldhaft gezeugten Kindes später erkannt und in ausgleichender Gerechtigkeit mit der Mutter vermählt.

Als unmittelbare Vorläufer der Kleistschen Novelle erscheinen um die Wende vom 18. zum 19. Jahrhundert gleich zwei *deutsche* Erzählungen. Die eine kennt auch das Motiv der Verstoßung aus dem väterlichen Haus, die andere legt das Geschehen bereits in die Revolutionskriege der Zeit. Auch sonst lassen sich manche Übereinstimmungen mit Kleists Erzählung finden. Mit ihren wesentlichen Gestaltungszügen, von der Charakterzeichnung bis zum Erzählverhalten, bleiben diese Erzählungen freilich ganz im Rahmen der zeitgenössischen Trivialliteratur. Hätte man sie nicht als mögli-

che Quellen in Betracht gezogen, wären sie zu Recht vergessen worden. Aber eben aufgrund ihrer Trivialität erlauben
sie auch erhellende Vergleiche mit Kleists *Marquise von O...*
Die folgenden Zusammenfassungen mögen dies verdeutlichen:

Im *Berlinischen Archiv der Zeit und ihres Geschmackes*
erschien im April 1798 ohne Angabe des Verfassers die
Erzählung *Gerettete Unschuld* (der vollständige Text findet
sich bei Klaar, S. 139–147):

Ein junger Kaufmann aus Bayern sucht Herberge in einem
schwäbischen Landstädtchen. Da alle Zimmer bereits verge-
ben sind, nimmt er mit einem Raum vorlieb, in dem die tags
zuvor verstorbene Wirtstochter aufgebahrt liegt. Neugierig
besieht er die schöne Tote – mit der Folge, daß er bald darauf
»dem Mädchen – im Tode etwas raubte, was sie ihr ganzes
Leben hindurch als ein Heiligtum unverletzt erhalten hatte«.
Am Morgen des nächsten Tages verläßt er das Haus; am
Abend des dritten wird das Mädchen zu Grabe getragen. Auf
dem Weg zum Kirchhof erwacht die Scheintote wieder zum
Leben und wird, nachdem sie sich bald schon völlig erholt
hat, mit einem befreundeten Posthalterssohn verlobt. Wenig
später findet sie sich schwanger, der Arzt bestätigt den Verdacht, dann muß die Hebamme gerufen werden, und ein
wohlgestalteter Knabe kommt zur Welt. Obwohl die
Unglückliche ihre Unschuld beteuert, wird sie von ihrem
Vater aus Haus und Stadt gewiesen und mit einem notdürfti-
gen Wochengeld bei einem Pächter in der Nähe unterge-
bracht, wo sie künftig als »Muster von einem Weibe« lebt.
Nach vier Jahren nimmt der inzwischen wohlhabend gewor-
dene Kaufmann wiederum Quartier bei dem Wirt, erfährt
das Schicksal der Tochter und wird von Gewissensbissen
geplagt. Am nächsten Morgen sucht er das Dorf auf, wo »ein
geheimer Instinkt der Natur« Vater und Sohn zueinander
führt. Das Geständnis des Kaufmanns wird allseits mit Verwunderung und Wohlwollen aufgenommen; und das junge
Paar wird nach wenigen Tagen getraut.

In den von Wilhelm Gottlieb Becker herausgegebenen vierteljährlich erscheinenden *Erholungen*, die vornehmlich auf ein weibliches Lesepublikum zielten, wurde 1805 eine Erzählung mit dem Titel *Amalie. Eine Begebenheit aus dem französischen Revolutionskriege* gedruckt. Die Verfasserangabe »Amalia Berg« war ein Pseudonym; dahinter verbarg sich die Unterhaltungsschriftstellerin Karoline von Ludecus (geb. 1757, Todesdatum unbekannt):

Mit ihrem fünfjährigen Sohn führt die bei einer alten Witwe wohnende Amalie, die durch den Krieg ihre Verwandten verloren hat, ein zurückgezogenes Leben. Ihre anhaltende Melancholie verliert sie allmählich über der Pflege eines verwundeten französischen Soldaten, den ihre Wirtin zu sich genommen hat. Auch der Franzose faßt Zuneigung zu Amalie, und nach seiner Genesung läßt er ihr einen Heiratsantrag übermitteln, den sie unter Tränen zurückweist: Sie sei entehrt und seiner nicht wert. Für den Soldaten ist das Kind der Geliebten jedoch kein Hinderungsgrund, hat er doch selbst einmal während des Krieges bei der Einnahme einer fremden Stadt unbedacht ein junges Mädchen in eine ähnliche Lage gebracht. Mithilfe eines Ringes, den er damals dem ohnmächtig gewordenen Mädchen abgenommen hat, hat er inzwischen versucht, sie wiederzufinden und sein Verbrechen zu sühnen; doch das Mädchen gilt als verschollen. Amalie erkennt in dieser Schilderung ihre eigenen Erlebnisse wieder, der Ring gehört ihr selbst. Der Sohn bittet für seinen Vater um Verzeihung, die Amalie gerne gewährt; und alsbald wird die Trauung vollzogen.

Der wichtigste Fund der Quellenforschung ist sicherlich die oben angeführte Anekdote in den *Essais* von Montaigne. Aber auch von Rousseaus Roman *La Nouvelle Héloïse* (1761) dürfte Kleist bei einer Stelle seiner Novelle angeregt worden sein: bei der Beschreibung der ebenso herzlichen wie sinnlichen Versöhnung zwischen Vater und Tochter (43,24 bis 44,29). Da Julie, die Heldin von Rousseaus Roman, die

Die Versöhnung zwischen Julie und ihrem Vater.
Holzschnitt von Brugnot nach Tony Johannot

von ihrem Vater gewünschte standesgemäße Ehe nicht einge-
hen will, kommt es zu einer Szene von äußerster Heftigkeit,
in deren Verlauf die Tochter gar die ersten Ohrfeigen ihres
Lebens erhält und am Ende blutend am Boden liegt. »Hier
endete der Sieg des Zorns und der Sieg der Natur begann«.
Der Vater gewinnt Besonnenheit und Zärtlichkeit zurück
und zeigt sich schuldbewußt und beschämt. Es folgt eine Versöhnungsszene, die Julie selbst in einem Brief an ihre Freundin beschreibt:

»Nach Tisch kam es uns kalt vor, und meine Mutter ließ in
ihrem Zimmer Feuer anmachen. Sie setzte sich an die eine
Ecke des Kamins, mein Vater in die andere, und ich war eben
Willens, mir einen Stuhl zu holen, um mich in ihre Mitte zu
setzen, als er mich bei meinem Kleide faßte, ohne ein Wort zu
sagen, mich zu sich hinzog und mich auf seinen Schoß setzte.
Alles das geschah so schnell und in einer Art unwillkürlicher
Bewegung, daß es einen Augenblick darauf schien, als ob es
ihm leid tue. Indessen saß ich einmal auf seinem Schoße, und
er konnte nicht zurücktreten, und was für seine Fassung das
Schlimmste war, er mußte mich in dieser beschwerlichen
Lage umarmt halten. Das alles ging ganz im stillen vor; aber
von Zeit zu Zeit fühlte ich, daß sein Arm mit halb ersticktem
Seufzer mich fester an sich drückte. Ich weiß nicht, welches
böse Schamgefühl ihn abhielt, sich dieser sanften Umschlie-
ßung ganz zu überlassen. Ein gewisser Ernst, den man nicht
abzulegen, eine gewisse Verwirrung, die man nicht zu überwinden sich getraute, setzten Vater und Tochter in jene rei-
zende Verlegenheit, die Schamhaftigkeit und Liebe den Lie-
benden gewährt, indes die zärtliche Mutter in freudigem
Entzücken im stillen an dem süßen Schauspiele sich weidete.
Ich sah, ich fühlte das alles, mein Engel, und vermochte nicht
länger der Rührung zu widerstehen, die sich meiner bemäch-
tigte. Ich tat, als glitt ich ab, und schlang, um mich zu halten,
einen Arm um meines Vaters Hals, lehnte mein Gesicht an
sein ehrwürdiges Antlitz, und im Augenblicke war er mit
meinen Küssen bedeckt, mit meinen Tränen benetzt. An den

Tränen, die seinen Augen entflossen, fühlte ich, daß auch er von einer großen Beschwerde erleichtert war; meine Mutter trat hinzu und teilte unser Entzücken. Süße, friedliche Unschuld, du allein fehltest meinem Herzen, um diese Szene der Natur zu dem wonnevollsten Augenblicke meines Lebens zu machen.«

> Jean-Jacques Rousseau: Julie oder Die neue Heloise. Briefe zweier Liebenden aus einer kleinen Stadt am Fuße der Alpen. Nach der Übersetzung von Th. Hell. Berlin: Propyläen Verlag, [1922]. 1. Band. 1. Teil. 63. Brief (S. 241 f.).

Einige spätere Erzählungen schließlich setzen die Kenntnis der *Marquise von O…* mit Sicherheit voraus. Das gilt zunächst von Heinrich Zschokkes *Tantchen Rosmarin oder Alles verkehrt* aus dem Jahre 1812 – worin sich die Hauptmomente einer Liebesgeschichte (Liebschaft, Hochzeit, Kindtaufe) wie in Kleists Novelle, aber schwankhaft, umgekehrt finden. Es folgt E.T.A. Hoffmanns Schauernovelle *Das Gelübde* im zweiten Band der *Nachtstücke* von 1817 und Otto Ludwigs psychologische Erzählung *Maria* vom Winter 1842/43, die 1891 aus Ludwigs Nachlaß veröffentlicht worden ist.

III. Entstehung, Überlieferung und Textvarianten

Eine Handschrift von Kleists Novelle *Die Marquise von O...* ist nicht erhalten, und über die Umstände ihrer Entstehung sind nur Vermutungen möglich. So mutmaßte als erster der Kleist-Biograph Eduard von Bülow in seiner 1848 erschienenen Untersuchung (S. 43 f.), die Erzählung sei schon in Königsberg, wo Kleist bis Anfang 1807 tätig war, geschrieben worden. Plausibel ist in jedem Fall, daß Kleist die Erzählung aus der französischen Gefangenschaft, in der er sich von März bis Juli 1807 befand, nach Dresden mitgebracht hat. Sicher ist: In zwei Briefen vom 17. Dezember 1807 rechnet Kleist die *Marquise von O...* zu seinen »völlig fertigen Manuskripten« (SW II,798) – neben der *Penthesilea* und dem *Zerbrochnen Krug*. Tatsächlich erscheint ein »Organisches Fragment« aus der *Penthesilea* im ersten Stück des *Phöbus*, den Kleist gemeinsam mit Adam Müller seit Januar 1808 herausgibt; »Fragmente« aus dem *Zerbrochnen Krug* erscheinen im dritten Stück dieses Journals. Und die Februar-Ausgabe wird mit der *Marquise von O...* eröffnet.

Ein zweites Mal wird die *Marquise von O...* zu Kleists Lebzeiten in der ersten Sammlung der *Erzählungen* gedruckt, die 1810 im Berliner Verlag der Realschulbuchhandlung von Georg Andreas Reimer (1776–1842), dem Verleger zahlreicher romantischer Autoren, erscheint.

Der Wortlaut der beiden Drucke ist in einigen Fällen in motivischer wie in stilistischer Hinsicht deutlich verschieden, so daß die späteren Herausgeber jeweils zu entscheiden hatten, welcher Fassung der Vorrang zu geben sei. Im allgemeinen fiel die Entscheidung für die ›Ausgabe letzter Hand‹, die Buchausgabe von 1810; nur ALFRED KLAAR hat 1922 seinem Neudruck der Erzählung deren ersten Ausgabe im *Phöbus* zugrunde gelegt. Seine Begründung lautet so:

Inhaltsanzeige.

Zweites Heft. Februar 1808.

I. Die Marquise von O...., von Heinrich von Kleist (nach einer wahren Begebenheit, deren Schauplatz vom Norden nach dem Süden verlegt worden).

II. Die Tauben, Fabel nach Lafontaine, von demselben.

III. Vorlesungen über das Schöne, von Adam H. Müller.

IV. Über die Corinna der Frau von Stael-Holstein, von demselben.

Der diesem Hefte beigefügte Umriß stellt den jungen Cimon dar, welcher sich nach dem Tode des Miltiades an seiner Statt in das Gefängniß begiebt, und die Schwester, welche gegen den blühenden Bruder die Leiche des Vaters austauscht. Die Zeichnung ist nach einem vortrefflichen Bilde von Wächter und wird im März-Hefte des Phöbus, zugleich mit den Ausstellungen des ersten Heftes einer näheren Betrachtung unterzogen werden.

»Von dem Abdruck im ›Phöbus‹, an dessen Redaktion Kleist
unmittelbar beteiligt war, ist mit Bestimmtheit anzunehmen,
daß der Dichter ihn aufs sorgfältigste überwachte. Ein gleiches ist für die spätere Veröffentlichung aus dem Jahre 1810
nicht erwiesen. Der Umstand, daß in der späteren Ausgabe
die ›Verwirrung der Gefühle‹, ein echt Kleistsches Wort, ein
Lieblingsausdruck, der sich auch in seinen Dramen findet,
ausgemerzt ist [nämlich ersetzt durch: ›Ein Wechsel von
Gefühlen‹; 34,13], gestattet die Vermutung, daß die spätere
Ausgabe nicht von Kleist selbst oder wenigstens nicht von
ihm allein redigiert worden ist.«

> Alfred Klaar: Die Marquise von O… Die Dich-
> tung und ihre Quellen. Berlin: Propyläen Ver-
> lag, [1922]. S. 71.

Diese Auffassung Klaars ist nicht ohne Nachwirkungen
geblieben. In den »Anmerkungen« zu einer 1930 erschienenen Ausgabe der Erzählung heißt es:

»Bei der Frage nach der Textgestaltung des ›Erdbebens‹ und
der ›Marquise von O…‹ war die These A. Klaars zu berück-
sichtigen, daß die Texte der ›Erzählungen‹ auf eine Umarbei-
tung durch fremde Hand hinwiesen, somit nur die Drucke
von 1807 und 1808 den reinen, von Kleist selbst unmittelbar
geschaffenen und gebilligten Text bieten konnten.«

> Neue Wege der Erzählung. (Erzählungen.
> Erster Band.) Bearb. von Andreas Müller. Leip-
> zig: Reclam, 1930. (Deutsche Literatur. Samm-
> lung literarischer Kunst- und Kulturdenkmäler
> in Entwicklungsreihen. Reihe Romantik.
> Bd. 16). S. 258.

So ist aus Klaars »Vermutung« schon eine »These« geworden. Und neuerdings wird sogar der vermeintliche Umarbei-
ter namhaft gemacht:

»Alfred Klaar hat in seiner Ausgabe der ›Marquise von O…‹,
die übrigens als einzige moderne dem Text des Erstdruckes

im ›Phoebus‹ und nicht dem des zweiten Druckes in den von Tieck herausgegebenen ›Erzählungen‹ folgt, eine lesenswerte Analyse der Novelle geboten [. . .].«

> A[braham] Horodisch: Eine unbekannte Quelle zu Kleists »Die Marquise von O…«. In: Philobiblon 7 (1963) S. 136.

Hier liegt offenbar eine Verwechslung der *Erzählungen* mit den *Hinterlassenen* oder den *Gesammelten Schriften* (1821/ 1826) vor, die allerdings von Ludwig Tieck herausgegeben wurden. Davon, daß er schon die *Erzählungen* von 1810 auch nur redigiert hätte, ist nichts bekannt; er hielt sich in der hier in Betracht kommenden Zeit krank in München auf. Aber schon Klaar hätte es besser wissen können; denn bereits die in Erich Schmidts Ausgabe von 1904/05 mitgeteilten Briefe Kleists an seinen Verleger Reimer schließen die Mitwirkung einer fremden Hand geradezu aus. Inzwischen sind weitere Briefe bekanntgeworden, und auch sie bieten für Klaars Vermutung keinen Anhaltspunkt. Der zeitliche Ablauf von der Planung bis zum Erscheinen der Buchausgabe stellt sich nach dem Zeugnis der Briefe folgendermaßen dar:

Der Vertrag mit Reimer wird im April 1810 geschlossen; am 30. April 1810 quittiert Kleist eine Abschlagszahlung in Höhe von 30 Talern und sagt zu, »einen Band von Erzählungen« bis zum 30. Juni zu liefern (SW II,835). Bald darauf (nach Sembdners Datierung: im Mai) schickt Kleist das »Fragment vom Kohlhaas« – vermutlich in der Gestalt des *Phöbus*-Drucks –, verspricht, das übrige »zu rechter Zeit« nachzuliefern, macht einen Vorschlag zur Typographie und legt den Titel des Bandes fest: »Moralische Erzählungen von Heinrich von Kleist« (SW II,835). Anfang September liefert Kleist die *Marquise von O…* (SW II,838) und am 8. September »das Morgenblatt« mit dem Erstdruck des *Erdbeben in Chili* (SW II,839). Inzwischen muß auch die Fortsetzung des *Kohlhaas* an Reimer gelangt sein. Schon Ende September lie-

gen die *Erzählungen*, wie der Titel nun entgegen Kleists
erstem Vorschlag lautet, zur Messe vor. In allen Fällen hat
Kleist vor Absendung der Erstdrucke die Texte der Erzählungen im *Phöbus* und im *Morgenblatt* redigieren können
und diese Möglichkeit allem Anschein nach auch wirklich
genutzt. Ein anderer Redaktor, der für die Abweichungen
verantwortlich gemacht werden könnte, ist nicht ersichtlich.
Ein weiterer Umstand macht redigierende Eingriffe einer
›fremden Hand‹ mehr als unwahrscheinlich: In derselben
Zeit, in der Kleist mit der Vorbereitung der Ausgabe der
Erzählungen beschäftigt ist, korrespondiert er mit seinem
Verleger Reimer auch wegen der Publikation des *Käthchen*
und bittet ihn um nochmalige Rücksendung der Revisions-
bogen genau für den Fall, daß der Verleger »Anstoß [. . .] bei
ganzen Worten und Wendungen« nehmen könnte (SW
II,839).
Es ist also mit größter Wahrscheinlichkeit anzunehmen, daß
Kleist die Erzählung vor der erneuten Drucklegung einer
nicht unerheblichen Revision unterzogen hat. Während die
Änderungen in Zeichensetzung und Rechtschreibung auch
vom Setzer herrühren können, gehen die lexikalischen, syn-
taktischen und motivischen Umformungen zweifellos auf
Eingriffe des Dichters zurück. Den Anstoß mag Böttigers
Kritik im *Freimüthigen* gegeben haben. Aber weder hat
Kleist *alle* noch auch *nur* die getadelten Stellen abgeändert.
Ein vollständiges Verzeichnis der Lesarten des ersten Drucks
(ohne die Abweichungen in Rechtschreibung und Zeichen-
setzung) findet sich in Erich Schmidts Kleist-Ausgabe (Bd. 4,
S. 378–380). Im folgenden werden nur die sprechendsten
Unterschiede, in synoptischer Wiedergabe der beiden Fas-
sungen, aufgeführt. Der Text der *Erzählungen* ist nach der
Reclam-Ausgabe zitiert.

| *Phöbus* | *Erzählungen* |

Der Traum wenigstens, versetzte die Marquise, würde sein Vater sein; und scherzte gleichfalls.

Morpheus wenigstens, versetzte die Marquise, oder einer der Träume aus seinem Gefolge, würde sein Vater sein; und scherzte gleichfalls. (9,26–29)

Der Arzt antwortete, er würde eher Berge, als seine feste Meinung von ihr, versetzen können;

Der Arzt antwortete, daß er seine Aussage vor Gericht beschwören könne: (22,26 f.)

Die Hebamme versetzte, daß dies, soviel ihr bekannt sei, noch keinem Weibe auf Erden zugestoßen wäre.

Die Hebamme versetzte, daß dies, außer der heiligen Jungfrau, noch keinem Weibe auf Erden zugestoßen wäre. (27,14–16)

Nur der Gedanke war ihr unerträglich, daß dem jungen Wesen, das sie in der größten Unschuld und Reinheit empfangen hatte, ein Schandfleck in der bürgerlichen Gesellschaft ankleben sollte.

Nur der Gedanke war ihr unerträglich, daß dem jungen Wesen, das sie in der größten Unschuld und Reinheit empfangen hatte, und dessen Ursprung, eben weil er geheimnisvoller war, auch göttlicher zu sein schien, als der anderer Menschen, ein Schandfleck in der bürgerlichen Gesellschaft ankleben sollte. (30,4–10)

Der Graf durchlief, indem ihm das Blut in's Gesicht schoß, die Schrift. Eine Ver-

Der Graf durchlief, indem ihm das Blut ins Gesicht schoß, die Schrift. Ein Wech-

wirrung von Gefühlen er- | sel von Gefühlen durch-
griff ihn. | kreuzte ihn. (34,12–14)

Unzweifelhaft! versetzte der Graf; indessen seine Seele über dem Papier lag, und den Sinn desselben verschlang, und wiederkäute.

Unzweifelhaft! versetzte der Graf, indessen er mit ganzer Seele über dem Papier lag, und den Sinn desselben gierig verschlang. (34,16–18)

Doch jene: nein, eher nicht von deinen Füßen weich' ich, sprach sie, bis du mir sagst, ob du mir die Niedrigkeit meines Verhaltens, o du Himmlische, verzeihen kannst.

Jene versetzte darauf: nein, eher nicht von deinen Füßen weich ich, bis du mir sagst, ob mir die Niedrigkeit meines Verhaltens, du Herrliche, Überirdische, verzeihen kannst. (40,26–29)

Ich biete deinem unmenschlichen Vater Trotz, ich biete deinem Bruder, ich biete der ganzen Welt Trotz, ich *will* keine andre Ehre mehr, als deine Schande:

Ich biete der ganzen Welt Trotz; ich *will* keine andre Ehre mehr, als deine Schande; (41,9 f.)

Von diesem Tage an ward er öfter eingeladen;

Von diesem Tage an ward er, auf Veranstaltung der Frau von G..., öfter eingeladen; (49,28 f.)

Nach dem Erstdruck im *Phöbus* hat KLEIST sich noch einmal öffentlich über seine Erzählung geäußert: in den scharfen Epigrammen, die als Reaktion auf die Ablehnung der Erstveröffentlichung vor allem durch Böttigers Kritik entstanden und wiederum im *Phöbus*, in der Ausgabe von April/Mai 1808, zu lesen waren:

Die Marquise von O...

Dieser Roman ist nicht für dich, meine Tochter. In Ohnmacht!
Schamlose Posse! Sie hielt, weiß ich, die Augen bloß zu.

An ***

Wenn ich die Brust dir je, o Sensitiva, verletze,
Nimmermehr dichten will ich: Pest sei und Gift dann mein
Lied.

Die Susannen

Euch aber dort, euch kenn ich! Seht, schreib ich dies Wort
euch: שׁוּזַאְכַּב [1]
Schwarz auf weiß hin: was gilts? denkt ihr – ich sag nur nicht,
was.

Vergebliche Delikatesse

Richtig! Da gehen sie schon, so wahr ich lebe, und schlagen
(Hätt ichs doch gleich nur gesagt) griechische Lexika nach.

Ad vocem

Zweierlei ist das Geschlecht der Fraun; vielfältig ersprießlich
Jedem, daß er sie trennt: Dichtern vor allen. Merkt auf!

Unterscheidung

Schauet dort jene! Die will ihre Schönheit in dem, was ich
dichte,
Finden, hier diese, die legt ihre, o Jubel, hinein!

SW I,22.

---

1 In hebräischen (!) Buchstaben steht hier das Wort »Susanna«.

IV. Dokumente zur Wirkungsgeschichte

1. Literaturkritik und Literaturwissenschaft

Anders als Kleists erste Erzählung, die unter dem Titel *Jeronimo und Josephe. Eine Scene aus dem Erdbeben zu Chili, vom Jahr 1647* im Cottaschen *Morgenblatt für gebildete Stände* fortsetzungsweise vom 10. bis 15. September 1807 erschienen und zunächst so gut wie vollständig unbeachtet geblieben war, vollzog sich das Erscheinen der *Marquise von O…* im vollen Licht der Aufmerksamkeit, die dem mit stolzen Worten angekündigten neuen Journal *Phöbus* allgemein entgegengebracht wurde. Hatten die Herausgeber sich doch in einer Anzeige gar der »Begünstigung Goethes« gerühmt! Aber schon das erste Stück der Zeitschrift, vom Januar 1808, rief Enttäuschung und Ablehnung hervor, und zumal das »Organische Fragment« aus Kleists *Penthesilea*, mit dem das Heft eröffnet wurde, stieß fast überall auf Befremden und Widerspruch. Dem Februar-Heft mit der *Marquise von O…* erging es nicht anders. Immerhin: die Anzeigen in Zschokkes *Miszellen* und Bertuchs *Journal* lassen eine gewisse Anerkennung der Novelle erkennen:

»Dieses [zweite, eben angekommene] Heft enthält äußerst interessante Aufsätze, und mit besonderer Teilnahme wird man die wahre Geschichte der Marquise von O. lesen, von H. v. Kleist bearbeitet.«

Miszellen für Neueste Weltkunde. 6. April 1808.
Zit. nach: Lebensspuren. Nr. 236b.

»Im 2. Hefte dürfte sich Hrn. v. Kleists Erzählung *Die Marquise von O**** vieler teilnehmender Leser erfreuen.«

Journal des Luxus und der Moden. Weimar,
April 1808. Zit. nach: Lebensspuren. Nr. 237.

Den Tenor des allgemeinen Urteils gibt aber die Abfertigung der Novelle in August von Kotzebues Zeitschrift *Der Freimüthige* an. Der anonyme Verfasser war KARL AUGUST BÖTTIGER (1760–1835), vormals Gymnasialdirektor in Weimar, jetzt Oberaufseher über die Dresdner Altertumsmuseen. Unter den *Motiven* seiner Rezension (wie auch schon der des *Penthesilea*-Fragments) dürfte persönliche Ranküne nicht auszuschließen sein – gerade auch gegenüber dem vermeintlichen Begünstiger des *Phöbus*, Goethe, mit dem Böttiger sich überworfen hatte. Die *Gründe* seines Urteils über Kleists Erzählung gehören jedoch zum festen Bestand der damals landläufigen Kritik an der modernen oder modischen Kunst der romantischen Generation:

»Wir hofften, daß der Nebel, welcher oft dem Aufgange der Sonne vorherzugehn pflegt, beim

> *Zweiten Stücke des Phöbus,*

das nun auch vor uns liegt, schwinden werde; aber leider! scheint er sich immer mehr zu verdichten, und gießt schon Wasser, und verbreitet unangenehme Dünste über die Erde. Diese meteorologische Bemerkung gilt namentlich wieder dem Verfasser der Penthesilea, der uns hier auf 4 Bogen – 6 hat der [!] ganze Heft nur – mit einer Erzählung zu unterhalten versucht, von der wir abermals nicht begreifen, wie es der geschmackvolle Mitherausgeber wagen konnte, sie dem Publikum zu übergeben. Der Zweck dieser Blätter fordert uns auf, kurz zu seyn; aber die Sache selbst verdiente eine weitläuftige Auseinandersetzung; denn wenn solche Dinge sich mit solcher Prätension ankündigen dürfen, so ist es Pflicht der unparteiischen Kritik, dergleichen Anmaßungen um so strenger zu züchtigen, je mehr es jetzt Sitte wird, durch stolzen Schein zu blenden, und je absprechender gewisse Kunstjünger über altes, anerkanntes Verdienst wegwerfend aburtheln [!]. – Die erwähnte Erzählung nun – doch sie soll wahre Begebenheit, und der Schauplatz, als ob das gar nichts zur Sache beitrüge, nur vom Norden nach Süden verlegt worden seyn – führt die Überschrift: Die Marquise von

O... Nur die Fabel derselben angeben, heißt schon, sie aus
den gesitteten Zirkeln verbannen. Die Marquise ist schwanger geworden, und weiß nicht wie, und von wem? Ist dies ein
Süjet, das in einem Journale für die Kunst eine Stelle verdient? Und welche Details erfordert es, die keuschen Ohren
durchaus widrig klingen müssen. Doch da der Verfasser der,
als hohes Muster aufgestellten, Amazonenköniginn und
ihres Gefolges, für das Schamerröthen der weiblichen Unschuld die hohe Ehrfurcht nicht zu haben scheint, die wir
dafür hegen, so wollten wir mit ihm deshalb nicht rechten,
wenn jene Erzählung nur an und für sich unterhaltend, oder
in einem vorzüglichen Style geschrieben wäre. Beides ver-
missen wir jedoch ganz. Schon nach den ersten Seiten erräth
man den Schluß des Ganzen, und die Menschen darin benehmen sich alle so inkonsequent, albern, selbst moralisch
unmoralisch, daß für keinen Charakter irgend ein Interesse
gewonnen werden kann. Wir sind überhaupt Feind aller
Auszüge der Pläne aus Schauspielen oder Erzählungen, und
wollen also auch hier kein Skelet dieses Werkchens aufstellen;
aber wir berufen uns in dieser Hinsicht kühn auf alle
unparheiische Leser. Was jedoch den Styl betrifft, so ist dieser zu undeutsch, steif, verschroben, und wieder zu gemein,
um nicht unwillig darüber einige Proben zu geben. Welcher
Teutsche sagt, wie hier: *Auf Knieen* jemand bitten, – *herab-
schluchzen* [!] – ob ihm die heftige Erschütterung nicht doch,
in welche sie ihn versetzt hatte, gefährlich seyn könne –
abschlüpfen. – Doch diese: denn nicht nur, fuhr sie fort – darauf er: sein Gewissen, spricht er, lasse – den Sinn eines
Papiers wiederkäuen u.s.w. Der erzählende Ton ist besonders schön. So kommt Seite 8 die Wendung ›er sagt *daß* er‹
u.s.w. in einem Punkte 13 Mal und überhaupt auf Einer Seite
diese Konstruktion mit *daß* 30 Mal, richtig gezählt, vor. –
Doch genug; nur noch ein paar vortreffliche Stellen. Seite 27
wird von dem alten Kommandanten, einem tapfern Krieger
und beinahe zu hartem Manne, welcher ein seiner Tochter
angethanes Unrecht in ihrer Gegenwart bereuet, gesagt:
›er beugte sich ganz krumm, und heulte, daß die Wände

erschallten; – er gebährdete sich ganz konvulsivisch.‹ – Das
Benehmen der Mutter an dieser Stelle ist besonders zart. –
Zum Schlusse jedoch noch Seite 28 die Art, wie die Mutter
dann, als sie zurückkehrt, den versöhnten Vater bei der Tochter findet. ›Sie sah die Tochter, die Augen festgeschlossen, in
des Vaters Armen liegen, indessen dieser, auf dem Lehnstuhl
sitzend, lange, heiße und lechzende Küße, das große Auge
voll glänzenden Thränen, auf ihren Mund drückte, *gerade
wie* ein Verliebter. Die Tochter sprach nicht, er sprach nicht,
mit über sie gebeugtem Antlitz saß er, wie über das Mädchen
seiner ersten Liebe, und *legte ihr den Mund zurecht*, und
küßte sie. Die Mutter nahte sich dem Vater endlich, und sah
ihn, wie er eben wieder mit *Fingern und Lippen in unsägli-
cher Lust* über dem Mund (sic) seiner Tochter beschäftigt
war, sich um den Stuhl herumbeugend von der Seite an. Der
Kommandant schlug bei ihrem Anblick das Gesicht schon
wieder ganz kraus nieder, und wollte etwas sagen, doch sie: o
was für ein Gesicht, rief sie, *küßte es jetzt auch ihrerseits in
Ordnung*, und machte der Rührung durch Scherzen ein
Ende.‹
Darf so etwas in einer Zeitschrift vorkommen, die sich
Göthes besondern Schutzes, ankündigungsgemäß, zu erfreuen hat, so muß entweder der Herausgeber mit uns
scherzen wollen, oder dieser – oder Göthe – Brechen wir
ab.«

Der Freimüthige oder Berlinisches Unterhal-
tungsblatt für gebildete, unbefangene Leser.
4. März 1808.

Ähnliche Urteile finden sich mehrfach auch in den Brief-
wechseln der Zeit.

HENRIETTE VON KNEBEL (1755–1815) an ihren Bruder Karl
Ludwig, 5. März 1808:

»Ein fürchterliches Lustspiel, was wir am vorigen Mittwoch
haben aufführen sehen und was einen unverlöschbaren

unangenehmen Eindruck auf mich gemacht hat und auf uns alle, ist ›der zerbrochene Krug‹ von Herrn von Kleist in Dresden, Mitarbeiter des charmanten ›Phöbus‹. Wirklich hätte ich nicht geglaubt, daß es möglich wäre, so was Langweiliges und Abgeschmacktes hinzuschreiben. Die Prinzeß meint, daß die Herrens von Kleist gerechte Ansprüche auf den Lazarusorden hätten. Der moralische Aussatz ist doch auch ein böses Übel. Ich glaube, bei diesen Herrens hat sich das Blut, was sie sich im Krieg erhalten haben, alles in Dinte verwandelt. Im nächsten ›Phöbus‹, den Dir die Prinzeß bald schicken wird, tritt dieser selbe Autor auch gleich mit so einer abscheulichen Geschichte auf, lang und langweilig im höchsten Grad. –«

Heinrich Düntzer (Hrsg.): Aus Carl Ludwig von Knebels Briefwechsel mit seiner Schwester Henriette (1774–1813). Ein Beitrag zur deutschen Hof- und Litteraturgeschichte. Jena: Mauke, 1858. S. 328.

Thomas Seebeck (1770–1831), mit Hegel und Goethe befreundeter Physiker, an Georg Wilhelm Friedrich Hegel, 11. März 1808:

»Was sagen Sie denn zu dem Glück unsrer Neukatholiken? zur neuen Maria, unbefleckter Empfängnis? Ein Mädchen in Italien (?) wird schwanger und macht bekannt, daß sie es sei, aber von einem Vater dazu nichts wisse; wer da glaube, es zu sein, möge sich bei ihr melden. Das soll ein wahres factum sein. Die neuen Gläubigen haben nun nicht ermangelt, es sogleich zu benutzen und recht erbaulich zuzurichten. Vid. ›Phöbus‹, 2tes St. Was werden wir nicht alles noch erleben!«

Georg Wilhelm Friedrich Hegel: Briefe von und an Hegel. Hrsg. von Johannes Hoffmeister. Bd. 1. Hamburg: Meiner, 1952. S. 222.

KARL AUGUST VARNHAGEN VON ENSE (1785–1858) an Friedrich de la Motte Fouqué, 4. April 1808:

»Wo sind denn die ersten Schriftsteller Deutschlands, welche man als Mitarbeiter im Föbus versprach? Ich finde bis jetzt nur Adam Müller und Heinrich Kleist, und wiederum Heinrich Kleist und Adam Müller. Doch hat mir Kleists Erzählung von der Markise wohl gefallen, sie ist geschickt und gebildet, aber – das ist wichtig – gebildet wie die Erzählung eines Weltmanns, nicht gebildet wie die eines Dichters, in diesen wenigen Worten glaub' ich Kleists ganzes Wesen bestimmt ausgesprochen zu haben, und wenn auch preißwürdig mir dieses Talent erscheint, und selbst den Kleist ich persönlich liebe, so muß es doch bitter schmerzen, einen solchen an der Spitze eines Journals zu sehen, das versprochen hat mit Kunst und Poesie die Nazion zu erfreuen. Der große Cervantes würde nimmer sagen: in dem . . . . . . Kriege, ein Oberst der . . . . . Truppen, bei der Bestürmung von M . . . . ., die Markise von O. . . . O über den ekelhaften Kerl, der als Dichter ordentlich an sich halten will und beileibe nicht die ganze Welt enthüllen mag, in der seine Gestalten leben! –«

Zit. nach: Sigismund Rahmer: Heinrich von Kleist als Mensch und Dichter. Berlin: Reimer, 1909. S. 137.

DORA STOCK (1760–1832) an Friedrich Benedikt Weber, 11. April 1808:

»Seine [Kleists] Geschichte der Marquisin von O. kann kein Frauenzimmer ohne Erröthen lesen. Wozu soll dieser Ton führen? Überhaupt fürchte ich, das der Phöbus nicht länger wie ein Jahr leben wird. Jezt schon wird er weder mit Vergnügen erwartet, noch mit Interesse gelesen. Und doch wollen diese Herren an der Spitze der Litteratur stehen und alles um sich und neben sich vernichten. –«

Zit. nach: Albrecht Müller: Briefe der Familie Körner. In: Deutsche Rundschau 15 (1878) S. 469.

Abfällig muß sich auch Friedrich Gentz geäußert haben. Sein Brief ist verloren; erhalten ist aber die Antwort des Mitherausgebers ADAM MÜLLER (1779–1829) vom 10./14. März 1808:

»Nun wollte ich über die vortreffliche Marquise von O** reden, die Sie mit demselben Rechte wie etwa eine Erzählung aus dem Decamerone des Boccaz von einem Kunstjournale ausgeschlossen wissen wollen. Gegen Kleist's Absicht und auf meinen dringenden Wunsch ist sie indeß eingeschlossen worden. Diese in Kunst, Art und Styl gleich herrliche Novelle kann nicht so flüchtig abgefertigt werden, als meine Arbeiten. [. . .]

Flach finden Sie diese Marquise von O.? und ich könnte lange nach Worten suchen, um dieses ganz unbegreifliche, an viel weniger vortrefflichen Lesern noch unbegreifliche Urtheil zu bezeichnen. Womit hat der Phöbus solche arge Mißhandlungen gerade *von Ihnen* verdient? Denn Kleisten kann es wohl nicht weiter afficiren, da Styl und Leben dieses Dichters, und sein unerbittlicher Muth, und seine vielleicht noch allzuschroffe Erhabenheit keinem Blinden noch Geblendeten verborgen bleiben können. [. . .] Und Sie, leichtbeweglicher Freund, hätten der Thränen nicht nur sich enthalten, sondern wären überhaupt kalt geblieben da, wo die Marquisin sich mit den Kindern in den Wagen wirft? – Aber nicht bloß wegen moralischer, noch so erhabener Richtung dieser Geschichte, nicht bloß wegen Herzensergreifung und königlicher (im Gegensatz der gemeinen natürlichen und pöbelhaften) Wahrheit – sondern wegen der unvergleichlichen Kunst in der Darstellung habe ich darauf gedrungen, daß schon das zweite Heft damit geschmückt, und meine *kleinen* Arbeiten durch seine Gesellschaft erhoben werden sollen. [. . .]

Überrascht werden Sie nicht in dieser Novelle: auf der zweiten und dritten Seite wissen Sie das *irdische* Geheimniß, damit im Verfolg die klare Betrachtung der Entschleierung des *göttlichen* Geheimnisses nirgends gestört werde. Im gewöhnlichen Leben schürzen und lösen sich die Knoten der Schicksale von einem Tage zum andern, und in leisem Wechsel von Verwicklung und Entwicklung wird die leidende Seele groß und gut. Der gemeine Romandichter knäuelt und ballt die Schicksale in einen einzigen derben Knoten zusammen, den er nachher platzen läßt oder zerhaut. Kleist läßt die Heldin in einen solchen großen Knoten verwickelt werden, und sie ihn selbst mit natürlicher, herzlicher Kraft wieder auflösen; aber den Leser führt er, sanft, wie ein recht schönes Leben, aus leiser Spannung in leise Befriedigung, und so fort: es geschieht ohne alle einzwängende Qual, und wenn die Seele am Schlusse eines gemeinen Romans mit einem Glückseclat, mit einer brillanten Schlußdekoration belohnt wird, aus der sie immer wieder schmerzlich in das stille Helldunkel des gewöhnlichen Lebens und in den ruhigen Takt desselben zurückfallen muß, so bleibt hier für die ganze Dauer des Herzens, welches sie empfindet, eine harmonische und jeder anderweitigen Empfindung angemessene, freundschaftliche Schwingung zurück.

Das ist eines von vielem, welches ich Ihnen über diesen herrlichen Gegenstand zu sagen habe. – Was die Zeitgenossen darüber denken, ist gleichgültig! Alles recht göttliche muß wohl dreißig und mehrere Jahre in irdischer Umgebung so forttreiben, ehe es auch nur vom *zweiten* erkannt wird; dieß lehrt die Weltgeschichte, die Bibel, und wird auch das Schicksal der Werke lehren, welche der Phöbus verbreitet. Vielleicht sind sie etwas zu *frühzeitig*, und das wäre ihr einziger, schöner Vorwurf; aber auch dieser hält nicht Stich, weil sich unter unsern Freunden schon der *zweite*, der *dritte*, der *vierte* ihnen mit Bewunderung angeschlossen hat.«

Briefwechsel zwischen Friedrich Gentz und Adam Heinrich Müller 1808–1829. Stuttgart: Cotta, 1857. S. 132 ff.

Schon wenige Jahre später erfahren die *Erzählungen* – zumal wegen des *Michael Kohlhaas*, dem im ersten Band noch die *Marquise von O…* und das *Erdbeben von Chili* folgen – eine entschieden günstigere Aufnahme. Von der Wiener Zensur-behörde freilich werden beide Bände verboten – die Erzäh-lungen des ersten, weil »deren Gehalt, wenn auch nicht ohne Wert, doch die unmoralischen Stellen nicht vergessen ma-chen könne, welche besonders in der Erzählung ›Das Erd-beben von Chili‹ vorkommen, deren Ausgang im höchsten Grade gefährlich sei«, und die des zweiten »wegen der wie-derholt vorkommenden Stellen, die sehr auffallend scheinen und alles Zartgefühl beleidigen« (*Nachruhm*, Nr. 646). Die Rezensenten erkennen nun zumindest Kleists Kunst der Darstellung an – mögen sie auch, wie Weisser, in der Erdbe-ben-Novelle »etwas Empörendes« finden, oder, wie Wil-helm Grimm in seiner zweiten Rezension, an der *Marquise von O…* die Wahl des »Stoffes« tadeln.

FRIEDRICH WEISSER (1761–1836):

»Rec. freut sich, diesen Erzählungen des Hrn v. *Kleist* ein weit besseres Zeugniß sprechen zu können, als seinem *Kät-chen* von Heilbronn. Besonders anziehend war ihm die erste, *Michael Kohlhaas*, der Versicherung des Verf. und auch dem Anscheine nach aus einer alten Chronik gezogen. Ein so eigenthümlich geprägter Charakter geht auch nicht aus der Phantasie hervor. Auch die zweite Novelle, die *Markisinn von O***, vereinigt mit dem Sonderbaren der Situazion die Kunst lebhafter und schöner Darstellung. Die dritte hat etwas Empörendes, und ist auch zu skizzenhaft behandelt.«

Beylage zum Morgenblatt für gebildete Stände
vom 28. Dezember 1810. S. 88.

WILHELM GRIMM (1786–1859):

»Die Erzählungen nun, welche Herr von Kleist dem Publi-kum übergibt, sind keinesweges französischer, sondern durchaus deutscher Art, und nur um so vortrefflicher. Sie verdienen unstreitig den besten beigezählt zu werden, welche unsere Literatur aufzuweisen hat, und sind besonders in Rücksicht der Gründlichkeit, der Tiefe und des reinen Lebenssinnes, so wie der kraftvollen, anschaulichen und tiefwirkenden Darstellung nicht genug zu rühmen.

[. . .]

Die zweyte Erzählung: *Die Marquise von O....* ist, wenn wir nicht irren, schon einmal erschienen, und von vielen als anstößig getadelt worden. Ist nun gleich der Gegenstand dieser Geschichte indecent zu nennen, so ist doch die Behandlung desselben nichts weniger als die guten Sitten beleidigend. Der Abscheu vor der schändlichen That ist laut ausgesprochen, und die bösen Folgen derselben sind in ihrer ganzen Stärke geschildert – ja die Schandthat dient nur dazu, die hohe Charakterwürde der unglücklichen Marquise in ihrer ganzen Herrlichkeit zu entwickeln, und die Mutter derselben, als sie sich von der Unschuld der Tochter völlig überzeugt und die Ungerechtigkeit ihres harten Verfahrens gegen sie eingesehen, hat völlig Recht, wenn sie in die Worte ausbricht: ›ich *will* keine andere Ehre mehr als deine Schande.‹ –«

> Zeitung für die elegante Welt. 24. November 1810.

WILHELM GRIMM:

»Auf diesen glänzenden Anfang folgt *die Marquise von O.....*, eine Erzählung, die an sich zu umständlich und einförmig scheinen könnte, und ihr Interesse hauptsächlich nur durch die außerordentliche Genauigkeit und Gründlichkeit erhält, die in der Darstellung des Vfs. herrscht. Doch möchte man wünschen, daß er sie auf einen andern Stoff verwendet hätte.«

> Allgemeine Literaturzeitung (Halle). 14. Oktober 1812.

Auch Varnhagen von Ense, dem die *Marquise von O...*
nach der ersten Lektüre nur »gebildet wie die Erzählung
eines Weltmanns, nicht gebildet wie die eines Dichters« vorgekommen ist, drückt sich 1812 – bei Gelegenheit einer
Besprechung Arnimscher Novellen – ohne Einschränkung
lobend über Kleists Erzählungen aus:

»Die Erzählungen von Heinrich von Kleist, die vor zwei Jahren erschienen sind, geben ein neues Beispiel, würdig des
ausgezeichneten Geistes, in welchem unsrer Litteratur eine
neue Zierde zuwächst.«

> Karl August Varnhagen von Ense: Zur Ge-
> schichtschreibung und Litteratur. Hamburg:
> Perthes, 1833. S. 533.

Ernst Theodor Amadeus Hoffmann (1776–1822) an
Julius Eduard Hitzig, 1. Juli 1812:

»Herzlichen Dank für die höchst interressanten Abendblät-
ter – Sehr sticht hervor der Aufsatz über das Marionetten-
Theater – Kleists Erzählungen kenne ich wohl; sie sind seiner
würdig.«

> Ernst Theodor Amadeus Hoffmann: Briefwech-
> sel. Hrsg. von Friedrich Schnapp. Bd. 1. Mün-
> chen: Winkler, 1967. Nr. 357.

Im Jahre 1821 gibt Ludwig Tieck (1773–1853) Kleists *Hin-
terlassene Schriften* heraus. In seiner Einleitung kennzeich-
net er auch die *Marquise von O...*:

»Diese Erzählung ist auf einer sonderbaren Bedingung
gegründet, wenn man diese zugegeben hat, ist sie trefflich
und in großen Zügen durchgeführt.«

> Heinrich von Kleist: Hinterlassene Schriften.
> Hrsg. von Ludwig Tieck. Berlin: Reimer, 1821.
> S. LXI.

Die erste Gesamtausgabe, herausgegeben wiederum von Ludwig Tieck, erscheint im Jahre 1826. Aus diesem Anlaß, und unter polemischer Bezugnahme auf die Vorrede Tiecks, unternimmt der Hegel-Schüler HEINRICH GUSTAV HOTHO (1802–73) eine ausführliche und eindringliche »Beurtheilung« des gesamten Kleistschen Werks – die erste und einzige Analyse, die dieses Werk, und dabei auch die *Marquise von O...*, ganz auf die Begriffe der Hegelschen Dichtungslehre bringt. Nach der *Familie Schroffenstein* behandelt Hotho die Erzählungen:

»Indem nun aber hierin [›Die Verlobung auf (!) St. Domingo‹] das Entgegengesetzte des Früheren [›Familie Schroffenstein‹], nämlich die Forderung liegt, daß das Gemüth auch *gegen* die äußere Wahrscheinlichkeit an seiner innern Überzeugung hätte festhalten müssen, so wird jezt diese *Festigkeit* die Macht, durch welche die Zufälligkeit äußerer Umstände die tödtliche Gewalt verliert, und nur die Kraft übrig behält, durch zufällige Begebenheiten eine Zeitlang hämische Anklagen gegen ein schönes Gemüth zu veranlassen, ohne die Gewalt zu haben, auch zu verhindern, daß die Entwicklung solcher Verwirrungen zu günstigem glücklichem Ausgange führe.

Dieß ist es, was besonders in einer dritten Erzählung: ›*die Marquise von O,*‹ muß hervorgehoben werden. Hier wird dann die äußere Zufälligkeit als das angesehn, als was sie sich einerseits bisher in der That gezeigt hatte, als das Tückische nämlich, wodurch sie jezt im Verhältniß zum Gemüth sich überhaupt als das Arge, Schändliche und Gemeine kund gibt, und die Collision dahin verändert, daß sich zeigt, auch das edelste Gemüth, der reinste Sinn könne, da der Mensch in der äußeren Wirklichkeit leben müsse, äußerer und innerer Besudlung nicht entgehen. So würde denn Ref. diese Erzählung für das Beste halten, was *Kleist* in dem bisher besprochenen Kreise von Darstellungen geleistet hat, wenn nicht eben die Voraussetzung, auf welcher sie beruht, von der angegebenen Art wäre. Ein Russischer Offizier, Graf E [!],

ein feiner, edler, gebildeter junger Mann, läßt sich bei Erstürmung einer Festung von augenblicklicher Begier hinreißen,
die *bewußtlose* Tochter des feindlichen Commandanten zu
schwängern. Nur er weiß um die That, die er verbirgt, so daß
in dem späteren Verlaufe alles darauf ankommt, das Geheimniß dieser Schwängerung zu erklären, indem unvorhergese-
hene Zufälle wiederum eine falsche Wahrscheinlichkeit her-
beiführen, durch welche das reinste Weib in den Verdacht
gebracht wird, ihre hochbetheuerte Unschuld nur zu erheu-
cheln. Wie edel nun auch immer dieser äußeren Gemeinheit
gegenüber das innere Leben der Gemüther geschildert
werde, wie consequent dieser Contrast aus dem Bisherigen
folge, wie zart jener gemeine Vorfall, wie gut und sittlich der
Graf in seinen späteren Handlungen und Gesinnungen dargestellt werde, so kann diese Stärke des Contrastes doch nur
gerade seine Widerwärtigkeit hervorheben, und nur ein ver-
stimmtes Gemüth kann Befriedigung in so greller Dishar-
monie der Gemeinheit äußerer Zufälle und innerlichen sittli-
chen Adels finden, oder sich gar am Zwiespalt tiefster Gemeinheit und höchster Reinheit im Gemüthe selber ergöt-
zen, und diesen Inhalt zum Vorwurf seiner Darstellungen
wählen.«

> Jahrbücher für wissenschaftliche Kritik. Berlin.
> Mai 1827. Nr. 87/88. Sp. 694 f.

Wenig später hat HEGEL (der sich in seinen damals noch
ungedruckten *Vorlesungen über die Ästhetik* ähnlich kritisch,
aber nur beiläufig über Kleists Dramen ausgesprochen hatte)
Hothos Darstellung ausdrücklich sanktioniert:

»Der Charakter der kleistischen Werke ist ebenso gründlich
als geistreich in diesen Jahrbüchern früher auseinanderge-
setzt und nachgewiesen worden.

> Jahrbücher für wissenschaftliche Kritik. Berlin.
> März 1828. Zit. nach: Nachruhm. Nr. 279.

Um die Mitte des 19. Jahrhunderts beginnt das Werk Kleists, ungeachtet seiner nach wie vor bemängelten Exzentrizität, als ein gleichwohl bedeutendes Erzeugnis der Goetheschen ›Kunstperiode‹ kanonische Geltung zu gewinnen. Im Jahre 1848 gibt Eduard von Bülow erstmals ausführlich von Kleists »Leben und Briefen« Bericht, und Tiecks Gesamtausgabe wird in Julian Schmidts Revision 1859 und 1863 neu aufgelegt. Wie selbstverständlich nehmen dann auch die zahlreichen Klassiker-Ausgaben der Gründerzeit nach 1871 Kleists »Sämtliche Werke« in ihre Reihen auf – so daß es nicht mehr lange währen mußte, bis gleich zu Beginn des 20. Jahrhunderts (1904/05) die erste historisch-kritische Gesamtausgabe, herausgegeben von Erich Schmidt, erschien. Die folgenden Beurteilungen der *Marquise von O…* spiegeln diesen Vorgang bis ins Detail.

WILHELM DILTHEY (1833–1911) an Luise Scholz im Dezember 1860:

»Bei Kleist ist der Eindruck in eigentlichem Sinne schmerzlich. Er hat in seinen Novellen das Widersinnige, ja Absurde, welches uns zuweilen in schrecklichen Momenten im Schicksal erscheint, in den verschiedensten Formen ausgedrückt, am wildesten in der Marquise von O. und im Kohlhaas. Dem Letzteren kommen wir jetzt dadurch beim Lesen zu Hülfe, daß wir den glühenden Haß darin, der dem Schicksal gilt, in die Politik hinüberspielen. Sieht man so in diesen Novellen alles Tollste mit kalter Alltäglichkeit auftreten, schreckliche Begebnisse ohne einen Ton der Mitempfindung, ohne einen Contrast, als müsste das so sein und wäre überall so, die seltsamsten Charaktere ohne jede leise Ironie des Darstellers, als wäre die Welt ein Tollhaus vor uns hingestellt: so begreift man kaum wie dieser Mensch das Leben so lange ertrug.«

Briefe Wilhelm Diltheys an Bernhard und Luise Scholz 1859–1864. Mitgeteilt von Sigrid von der Schulenburg. In: Sitzungsberichte der Preußischen Akademie der Wissenschaften. Philosophisch-historische Klasse. Berlin 1933. S. 453.

THEODOR FONTANE (1819–98) im Jahr 1872 über *Die Marquise von O…*:

»Nach meinem Gefühl das Glänzendste und Vollendetste, das er geschrieben hat.

Über den Stoff, als ein Wagnis und Kuriosum, ist, solange diese Erzählung existiert, viel gesprochen worden.

Die Marquise von O…. ist in Gefahr, von siegreichen, in die Zitadelle eindringenden russischen Truppen Gewalttat zu erleiden; in diesem Moment rettet sie ein vornehmer russischer Offizier; sie sinkt in Ohnmacht, er trägt sie in das Zimmer eines Seitenflügels, und hier, hingerissen von der Schönheit der Marquise (junge Witwe), nutzt er die verführerische Situation unritterlich – oder, wie andere denken mögen, etwas *zu* ritterlich – aus. Er tut das, wovor er sie eben rettete. Die Marquise erwacht erst aus ihrer Ohnmacht, als der Offizier bereits wieder ›in Dienst‹ ist und an andern Stellen der Zitadelle den letzten Widerstand des Feindes bricht. Alles dies, was hier ziemlich bedenklich und ziemlich lächerlich klingt, ist mit äußerster Geschicklichkeit kurz und knapp und mit einer gewissen frauenärztlichen Objektivität vorgetragen, so daß es einen Menschen, der wiederum seinerseits die Menschen kennt, nicht im geringsten stören kann. Man empfindet – indem man es als unritterlich verwirft –, daß man nichtsdestoweniger desselben Faux pas fähig gewesen wäre. Wohlverstanden, man entdeckt die *Möglichkeit* dazu im eignen Herzen. Damit, da man das eigne Fühlen als Maßstab nimmt, fällt alles Häßliche fort. Es bleibt nur noch die Frage nicht nach der moralischen, sondern nach der *physischen* Möglichkeit. Wer will dies entscheiden? Selbst ein Conclusum von einer halb aus Don Juans und halb aus Frauendoktoren zusammengesetzten Körperschaft würde diese Sache nicht endgültig entscheiden können. Ich, nach meinem dummen Verstande, halte es für *sehr gut* möglich. Jedenfalls ist das landesübliche ›violer‹ viel schwieriger.

Wie man nun aber auch über diese ›*Exposition* des Stückes‹ denken mag, die Entwicklung und Durchführung zählt zu dem Glänzendsten, Besten und Liebenswürdigsten. Denn alle Personen, die uns vorgeführt werden, sind edle Naturen und haben recht in ihrem Tun. Die Eltern und der Bruder der Marquise, diese selbst, endlich der russische Offizier (Oberstleutnant Graf F.): alle handeln korrekt, der jedesmaligen Situation entsprechend, und befriedigen unser menschliches und ästhetisches Gefühl. Die Marquise selbst, schamhaft ohne Prüderie, zart, rücksichtsvoll und doch voll hohen Muts, ist ein entzückender Frauencharakter; ebenso ist der russische Graf, durch dessen ganzes Tun und vornehmste Haltung immer das Schuldbewußtsein durchdringt, eine höchst ansprechende Figur.

Alles löst sich zum Guten, nachdem wir lange vor einem tragischen Ausgang gebangt haben, und den Hartgeprüften erschließt sich ein vollstes Glück. Eine Meisterarbeit.«

> Theodor Fontane: Unveröffentlichte Aufzeichnungen und Briefe. In: Sinn und Form 13 (1961) S. 704 f.

In den Augen eines Franzosen konnte sich die Sachlage freilich ganz anders ausnehmen. HIPPOLYTE TAINE (1828–93), Gespräch mit Cherbuliez, 24. April 1870:

»Gestern gelesen: Michel Kohlhaas und die Marquise von O von Kleist; wie man sagt, zwei Meisterwerke der Prosa-Erzählung. Das ist zweit- und drittrangig: keinerlei Kunst der Komposition, kein Erzeugen von Wirkungen, keine flüssige Satzbildung; Überfluß an indirekter Rede: so schrieb man ungefähr zu Zeiten Florians[1].«

> Zit. nach: Nachruhm. Nr. 340.

HIPPOLYTE TAINE, Brief an Georg Brandes, 25. Juli 1873:

»Ich habe Heinrich von Kleist gelesen und finde Sie sehr nachsichtig. Wenn man Verrückte wie Käthchen und den Prinzen von Homburg macht, muß man sie im Stil von Ver-

---

1 Jean-Pierre Claris de Florian (1755–94).

rückten reden lassen, was der einzige Shakespeare fertig
brachte. Michael Kohlhaas ist gut, ausgenommen der zweite
Teil; aber dort wie in der Marquise fehlt völlig das, was wir
Stil nennen, das heißt die Kunst des Details und der Wirkung; so erzählt etwa ein drittrangiger Schriftsteller des
18. Jahrhunderts.«

Zit. nach: Nachruhm. Nr. 340.

RAINER MARIA RILKE (1875–1926) an Marie von Thurn und
Taxis am 16. Dezember 1913:

»Las jetzt den ganzen Kleist, vieles zum ersten Mal, den herrlichen Prinzen von *Homburg*, das sehr große Bruchstück
vom *Guiskard*. Das hat ja sein Gutes, daß die Umstände
mich verhindert haben, mir, wie es sonst jungen Leuten pas-
siert, die ganze Dichtung in zu frühen Jahren vorwegzulesen;
so steigt mir das Gewaltigste niegesehen herauf vor dem rei-
fern Gemüth. Schön und reizend ist *Amphitryon*, von unver-
gleichlich erzogener Prosa sind die Novellen, diese athemlos
herunter- und hinauferzählte, *Marquise von O…*; ein Meisterwerk, das ich immer wieder anstaune, der Aufsatz über
das ›*Marionettentheater*‹. Und hinter dem allen – *quelle
détresse, – quel désespoir, quel sacrifice*.«[2]

Rainer Maria Rilke. Marie von Thurn und Taxis.
Briefwechsel. Hrsg. von Ernst Zinn. Bd. 1.
Zürich: Niehans & Rokitansky / Wiesbaden:
Insel-Verlag, 1951, S. 335 f. – © 1951 Insel Ver-
lag, Frankfurt am Main.

DORA DIAMANT über Franz Kafka (1883–1924):

»Und dann liebte er Kleist. Er konnte mir ›*Die Marquise von
O.*‹ fünf- oder sechsmal hintereinander vorlesen.«

J. P. Hodin: Erinnerungen an Franz Kafka. In:
Der Monat 1 (1949) S. 94.

2 »welche Herzensangst, – welche Verzweiflung, welche Aufopferung.«

Die Bedeutung der Erzählungen Kleists für MARIELUISE FLEISSER (1901–74) spiegelt sich in ihren autobiographischen Notizen über ihre Schulzeit bei den Englischen Fräulein in Regensburg, ihrem Roman (der zahlreiche Einzelheiten aus Fleißers Biographie in kaum verschlüsselter Form enthält) sowie dem 1926 entstandenen Essay *Der Heinrich Kleist der Novellen*:

»1916 Ein Mitzögling wird von Internat und Schule verwiesen, weil sie der Fleißer auf dem Schulspaziergang ›Die Marquise von O.‹ erzählte, und geht in München auf eine Presse. Die Fleißer entgeht, weil sie zuhörte, nur knapp demselben Schicksal.«

> Marieluise Fleißer: Notizen. In: Günther Rühle (Hrsg.): Materialien zum Leben und Schreiben der Marieluise Fleißer. Frankfurt a. M.: Suhrkamp, 1973. S. 412. – © 1973 Suhrkamp Verlag, Frankfurt am Main.

»Eine [!] Zögling wird als übles Element aus dem Internat entfernt, weil sie Linchen auf dem Spaziergang wörtlich die Kleistsche Novelle ›Die Marquise von O…‹ erzählte. Fräulein Matutina hat nicht durchgesetzt, daß Linchen für das bloße Anhören vom gleichen Schicksal der Verdorbenen ereilt wird.«

> Marieluise Fleißer: Eine Zierde für den Verein. Roman vom Rauchen, Sporteln, Lieben und Verkaufen. In: M. F.: Gesammelte Werke. Bd. 2. Frankfurt a. M.: Suhrkamp, 1972. S. 62. – © Suhrkamp Verlag, Frankfurt am Main.

»Was seinen [Kleists] Gestalten widerfährt, ist denn auch durchgängig die Entdeckung ihrer selbst an Widerständen, ein unbeschreiblich überquellendes Erlebnis der eigenen Persönlichkeit, die Selbstbehauptung der Individualität gegenüber der feindlichen Masse. ›Durch diese schöne Anstrengung mit sich selbst bekannt gemacht, hob sie sich plötzlich, wie an ihrer eigenen Hand, aus der ganzen Tiefe, in welche das Schicksal sie herabgestürzt hatte, empor.‹ Diesen

Satz, den er auf die Marquise von O... bezieht, könnte er auf jede seiner Gestalten einmal anwenden, er ist der Angelpunkt, um den es sich dreht. Dabei bleibt sich Kleist in einer höheren Sachlichkeit durchaus bewußt, daß dem Recht des Individuums ein mindestens gleiches Recht der Gesamtheit gegenübersteht, die wie ein selbständiges Lebewesen anderer Art ihre eigenen Lebensfunktionen hat. Er weiß, daß es in diesem Widerstreit eine organische Lösung nicht gibt. Seine Gestalten sollen auch gar nichts damit erreichen, daß sie zu einer schmerzlichen Größe hinaufwachsen; sie haben die Forderungen ihrer Natur zu erfüllen, weiter nichts, ja, er hat an diesem unlösbaren Zusammenprall zweier sich fremder Gesetze seine eigene sachliche Lust. In seinen Menschen erkennt und liebt er die grausame Verschwendung der Natur. Es ist, wie wenn er nachsehen möchte, wieviel eigentlich ein Mensch aushalten kann, ob er dann, wenn er ihn durch alle Abgründe geschleift hat, noch ein inneres Leben aufweist. Der Stoff dient ihm nur als Vorwand, um die seelische Veränderung seiner Personen von Kulminationspunkt zu Kulminationspunkt aufzuzeigen. Er ist die bloße Konzession, die dem Publikum gemacht werden muß, damit er ihm das, was allein not tut, die Entwicklung menschlicher Seelen, unbemerkt beibringen kann. Er besitzt denn auch dem Stoff gegenüber niemals den Ehrgeiz, daß er ihn frei erfinden will, die Arbeit geht für ihn erst jenseits an. Er gebraucht einen fertigen, der, indem er mit ihm bekannt wurde, seinerzeit durch irgendeinen auffallenden Gedankengang wie ein Blitz in ihn eingeschlagen hat. In seiner kindlichen Unersättlichkeit ziehen ihn so recht die krassen Vorgänge an, wie wenn andere das Menschliche nicht so deutlich hergeben könnten. Eigentümlich ist daneben ihre klassisch beherrschte und umfassende Darstellung.«

Marieluise Fleißer: Der Heinrich Kleist der Novellen. In: M. F.: Gesammelte Werke. Bd. 4. Frankfurt a. M.: Suhrkamp, 1989. S. 405 f. – © 1989 Suhrkamp Verlag, Frankfurt am Main.

Ernst Kreuder (1903–72) im Jahr 1946:

»[. . .] Ich las neulich 'Die Marquise von O.' wieder einmal. Vorzüglich. Kein überflüssiges Wort. Man wird nur so durch die Geschichte hindurch getrieben, gejagt, gehetzt. Man kommt nicht mehr zu Atem. Es ist, als hätten die Sätze den Leser gepackt, ein Satz wirft dem anderen Satz den hilflosen Leser zu, wie ein Ball wird er weitergeworfen. Aber nirgends ist ein Baum. Kein Gras. Auch kein Licht. Wo bleibt der Himmel, möchte ich fragen. War die Welt damals farblos? Ein spannender Aktenbericht. Warum eigentlich immer als das novellistische Vorbild gepriesen?‹

›Geräusche‹, sagte ich, ›kommen darin vor. Aber es ist doch unerhört erzählt. Besonders der Schluß ist meisterhaft. Dort, wo die Marquise zum Grafen sagt, 'er würde ihr damals nicht wie ein Teufel erschienen sein, wenn er ihr nicht, bei seiner ersten Erscheinung, wie ein Engel vorgekommen wäre'. Das ist kein 'Ende gut, alles gut', sondern die unbedingte, dichterische Wahrheit.‹

›Sie haben ihn wörtlich zitiert‹, sagte Waldemar. ›Fällt Ihnen nicht auf, daß man nichts sehen kann? Erschienen, Erscheinung? Dieser junge russische Offizier hat kein Aussehen, dafür Eigenschaften. Einmal wird er rot im Gesicht, ich glaube, es ist die einzige Farbe, die darin vorkommt.«

Ernst Kreuder: Die Gesellschaft vom Dachboden. Erzählung. Frankfurt a. M.: Suhrkamp, 1986. S. 12 f. – © 1986 Suhrkamp Verlag, Frankfurt am Main.

Thomas Mann (1875–1955) im Jahr 1954:

»Man kommt beim Lesen dieser Geschichten aus dem Schrecken, der Aufregung, der Bangigkeit vor dem Ungeheuerlichen, aus dem Bann geteilten Gefühls nicht heraus. ›Die Marquise von O.‹ ist die früheste von Kleists Erzählungen, der Achtundzwanzigjährige schrieb sie, um die Zeit, als er in Königsberg ein kleines Amt bei der ›Domänenkammer‹ (Verwaltung der Staatsgüter) versah, gleich nach dem anony-

men Erscheinen der ›Familie Schroffenstein‹. Der Stoff ist alt
und viel behandelt. Kleist kann ihn aus französischer Novellistik, von Cervantes, von Montaigne gehabt, auch aus dem
wirklichen Leben geschöpft haben. Jedenfalls ist seine Art,
ihn zu behandeln, von der persönlichsten Prägung, unver-
wechselbar kleistisch. Das Penible und Skandalöse kann
nicht mit mehr Ernst und Würde vorgetragen werden.
Allein das half alles nichts, die Geschichte wurde sehr übel
aufgenommen. ›Nur die Fabel derselben angeben‹, schrieb
ein Blatt, das sich obendrein ›Der Freimüthige‹ nannte,
›heißt schon, sie aus den gesitteten Zirkeln verbannen. Die
Marquise ist schwanger geworden, man weiß nicht wie und
von wem? Ist dies ein Sujet, das in einem Journale für die
Kunst eine Stelle verdient? Und welche Details erfordert es,
die keuschen Ohren durchaus widrig klingen müssen.‹ Die
keuschen Ohren gehörten zum Beispiel einer Dame, die sich
brieflich äußerte: ›Seine Geschichte der Marquise von O…
kann kein Frauenzimmer ohne Erröten lesen. Wozu soll dieser Ton führen?‹ Vor allem das Damenvolk, versteht sich,
hatte der Dichter gegen sich. Aber selbst Männer wie Friedrich von Gentz, sonst ein Verehrer Kleists, waren chokiert,
und ihr Urteil versagte vor einem gewagten Meisterwerk,
das seither in den Rang eingerückt ist, den schon damals wil-
lige Geister, wie der österreichische Staatswissenschaftler
Adam Müller, ihm zusprachen: nämlich den einer ›nach
Kunst, Art und Stil gleich herrlichen Novelle von moralischer Hoheit‹.
Übrigens war Adam Müller ein Politiker romantischer Stim-
mung, dazu katholischer Konvertit, und auf sein Urteil,
durch die Zeit bewährt wie es ist, mögen gewisse zwar
leichte, aber unmißverständliche mystische Allusionen nicht
ganz ohne Einfluß gewesen sein, die in seiner nur allzu natürlichen Geschichte unterzubringen der angehende Dichter des
›Amphitryon‹ sich nicht versagen kann. Man muß auf sie
hinweisen. Als die Marquise, außer sich über ihren unfaßli-
chen Zustand, die Hebamme fragt, ob eine Erscheinung wie
die unwissentliche oder unberührte Empfängnis denn um

Gottes willen im Bereich der Natur liege, antwortet die Frau, daß dies ›außer der heiligen Jungfrau‹ noch keinem Weibe auf Erden zugestoßen sei. Nun, das ist fachkundige Trockenheit. Aber zur Zeit ihrer schönen seelischen Erhebung, als die unschuldig Verstoßene beschließt, sich ins Unbegreifliche zu ergeben, sich ganz in ihr Innerstes zurückzuziehen, ganz sich der Erziehung ihrer beiden Kinder zu widmen ›und des *Geschenks, das ihr Gott mit dem dritten gemacht*, mit aller mütterlichen Liebe zu pflegen‹, da stellt sie über dies ›Geschenk‹, das anstößige Kind, die Erwägung an, daß sein Ursprung, eben weil er geheimnisvoller ist, auch göttlicher zu sein scheint als der anderer Menschen. Vielmehr: Diesen Gedanken flößt ein Dichter ihr ein, dem das Herz danach steht, ein Scandalum durch Anspielungen auf das Mysterium zu erklären.«

Thomas Mann: Heinrich von Kleist und seine Erzählungen. In: T. M.: Gesammelte Werke in zwölf Bänden. Bd. 9. Frankfurt a. M.: S. Fischer, 1960. S. 838 f. – Mit Genehmigung der S. Fischer Verlag GmbH, Frankfurt am Main.

Das Interesse, das Kleists Erzählung von literaturwissenschaftlicher Seite zuteil wurde, kann hier nur exemplarisch durch die Vorstellung einiger markanter Interpretationsansätze dokumentiert werden. Während für ein eher ›existentialistisches‹ Verständnis der Novelle der Selbstbehauptungsprozeß bzw. das »innere Gefühl« der Marquise im Vordergrund steht (Fricke, Müller-Seidel), betrachten einige jüngere Arbeiten die handelnden Figuren stärker aus psychoanalytischer Perspektive (Cohn, Politzer) und bleiben ihrerseits nicht ohne Widerspruch (v. Wilpert). Wesentliche Erzähl- und Handlungsstrukturen werden durch ausführliche Textanalysen (Moering, Grathoff) aufgedeckt.

Für GERHARD FRICKE ermöglicht es die unbezweifelte »Echtheit des Gefühls«, daß die Marquise nicht an der widersprüchlichen Realität scheitert:

»Wieder stehen sich in der ›Marquise‹ die Unschuld und
Reinheit des seiner selbst unbedingt gewissen Gefühls und
die ihm gegebene reale Wirklichkeit des Daseins gegenüber.
In dieser Wirklichkeit allein kann die Reinheit behalten oder
verloren werden, – und eben sie zeugt unwidersprechlich,
daß sie verloren ist.

Was Kleist sonst als das höchste Glück, die erfüllte irdische
Bestimmung des Weibes ansah, die Gewißheit, Mutter zu
sein, das bedeutete nun die Vernichtung der zeitlichen wie
der absoluten Existenz: die Zerstörung des Verhältnisses der
Marquise zu den Ihren wie ihres ewigen Verhältnisses zu sich
selber und zu Gott. Denn jede sie moralisch rettende Erklärung der Wirklichkeit liegt völlig außerhalb des Bereiches
der Möglichkeit und der Gedanken, so daß allein die leicht-
fertigen Andeutungen der Hebamme das Rätsel zu lösen
scheinen.

Und in diesem Augenblick, wo die ganze Wirklichkeit zum
Spiel eines teuflischen Dämons wird, wo sich die Liebsten
und Nächsten, mit denen die Marquise verbunden ist, von
der Gewalt der Tatsachen bezwungen, schmähend und brutal
von ihr abkehren, wo die Wirklichkeit ihren letzten Sinn verliert und zu einer einzigen, vernichtenden Anklage wird
gegen ihr innerstes Gefühl, – da bricht aus einer geheimnis-
vollen Tiefe ihres Wesens eine Kraft hervor, die, unerklärbar
aus ihrem bloß empirisch-psychologischen Dasein, sich stärker erweist als die ganze furchtbare Wirklichkeit. Nun spürt
sie plötzlich, wie inmitten der verwirrenden Endlichkeit
eines ewig und unzerstörbar in ihr lebt: Die unzerstörbare
Einheit mit sich selbst und mit Gott in der heiligen Gewißheit des reinen Gefühls, – und spürt, wie dieses Gefühl sie
trägt: ›Durch diese schöne Anstrengung mit sich selbst
bekannt gemacht, hob sie sich plötzlich wie an ihrer eigenen
Hand aus der ganzen Tiefe, in welche das Schicksal sie herabgestürzt hatte, empor.‹

[...]

Die Echtheit des Gefühls als des Ausdruckes der eigentlich
Kleistschen Frömmigkeit aber bewährt sich darin, daß es

auch jenen zweiten, fast noch schwereren Schritt zu tun vermag, der die heroische Haltung umwandelt und enthüllt als eine fromme, der die Tragik überwindet durch den Glauben: Die Marquise vermag es, aus der Kraft ihres reinen Gefühls ihr Schicksal demütig anzunehmen und sich gläubig einer Wirklichkeit zu unterwerfen, die mehr des Teufels als Gottes Züge trägt. Sie bejaht diese Wirklichkeit, weil auch sie aus Gottes Hand kommt.«

> Gerhard Fricke: Gefühl und Schicksal bei Heinrich v. Kleist. Studien über den inneren Vorgang im Leben und Schaffen des Dichters. Berlin: Junker & Dünnhaupt, 1929. Neudr. Darmstadt: Wissenschaftliche Buchgesellschaft, 1963. S. 138 f.

WALTER MÜLLER-SEIDEL hat die Bedeutung des Gegensatzes von »versehen« und »erkennen« für Kleists gesamtes Werk dargelegt. Dieses Begriffspaar ist auch für seine Interpretation der *Marquise von O...* zentral:

»Man wird das Wunderbare nicht zugunsten einer um jeden Preis ›existentiellen‹ Deutung ausklammern dürfen. Es liegt hier darin beschlossen, daß in der Wirrnis der kriegerischen Ereignisse, und gerade in ihr, echte Liebe aufbrechen kann. Sie ist vorauszusetzen, wenn man ein göttliches Wirken im Geschenk des Kindes wahrnimmt. Und in diesem Punkt liegt auf seiten der Marquise ein ›Erkennen‹ vor – kein Versehen. Wären es nur Frevel und Laster gewesen, deren sich der Graf schuldig gemacht hat, so hätte in der Marquise eine Liebe aus dem Unbewußtsein nicht aufkeimen können. Die Ohnmacht, in der Kleist jederzeit das unbewußte Gefühl verherrlicht, ist nicht einfach psychologischer Natur. Darum ist das unbewußte Gefühl auch keiner Täuschung ausgesetzt. Es kennt kein ›Versehen‹. Es kann nur verwirrt werden durch die Gesellschaft, durch die Konventionen, durch den Schein des Gefühls. Es erwiese sich auch hier als überlegen, wenn ihm nur im Verhalten der Marquise sein Recht geworden wäre. Alle schicksalhafte Verwirrung, alle beklemmende

Not der Seele wären in geradezu märchenhafter Weise nicht
entstanden, wenn sie von Anfang an ihrem Gefühl – und nur
diesem! – gefolgt wäre. Das ist der letzte Aspekt, der sich
auftut: daß die im Widerspruch verhüllte Wahrheit nur der
Eindeutigkeit des Gefühls erreichbar ist. Das Wunderbare
des Gefühls ist der gleichsam übertragische Punkt im tra-
gisch-widersprüchlichen Geschehen. Die Einheit der Novelle fordert die Einheit des Gefühls, und zur unteilbaren
Einheit gehören Mutterliebe und Gattenliebe in gleicher
Weise. Die Marquise hat bis zur endlichen Versöhnung am
Schluß die erste bewährt und die zweite nicht geleistet.
Darum die Zweiteilung, darum auch die zweimalige Zuspit-
zung. Dabei handelt es sich in jenem ersten Sichfinden weder
um den eigentlichen Zielpunkt der Novelle, noch um einen
Wendepunkt im Sinne irgendeiner Novellentheorie. Nicht
einmal als ein retardierendes Moment möchte man das Ver-
weilen im Überdenken der Tat bezeichnen. Eher liegt eine
Stauung vor, von der aus das Geschehen um so heftiger dem
nächsten Gipfelpunkt zustürzt – ein Wogen von Konflikt zu
Konflikt, von Widerspruch zu Widerspruch. Steigerung
durch Stauung ist das Gesetz nicht nur der Sprache Kleists,
sondern seiner Darstellungsweise überhaupt. Die kunstvolle
Geschlossenheit und Einheit der Novelle, ihr klar geglieder-
ter Aufbau werden um so deutlicher, je mehr man die aus
dem Widerspruch lebenden Spannungsmomente als die erre-
genden Gipfelpunkte dieser Vorgänge begreift.«

Walter Müller-Seidel: Die Struktur des Wider-
spruchs in Kleists »Die Marquise von O…«. In:
Deutsche Vierteljahrsschrift für Literaturwis-
senschaft und Geistesgeschichte 28 (1954)
S. 510 f. – Mit Genehmigung von Walter Müller-
Seidel, München.

Auf ironische Elemente in der Erzählhaltung macht
Michael Moering aufmerksam:

»In der ›Marquise von O…‹ ist Kleist neben der Lust an quä-
lenden Geschehnissen mit spürbarer Freude an der Verspot-
tung bestimmter Einstellungen und Verstandeshaltungen
vorgegangen. Die Identifikation mit dem erfundenen Geschehen ist nicht so vollständig wie in anderen Novellen.
Eine heitere Distanz läßt ironische Konstellationen und
Ereignisfolgen zu, die ihr Vorbild in dem Gegenstand der
Erzählung, dem allmählichen Sichtbarwerden eines im Ver-
borgenen in Gang gebrachten Ereignisses haben. Es ist vielleicht das treffendste Beispiel für die zum Thema erhobene
Doppeldeutigkeit, daß sich Form und Inhalt der Novelle
ineinander spiegeln: So unerbittlich, wie die allmähliche Veränderung des Zustands und der Gestalt der Heldin ein den
ihr Nahestehenden und teilweise ihr selbst unbegreifliches
Ereignis enthüllen, dessen gleichwohl natürliche Erklärung
von ihr ertragen werden muß, so unerbittlich sprechen die
im Laufe der Erzählung immer deutlicheren sprachlichen
Anzeichen für die Wahrheit eines grausamen Zusammen-
hangs. Wie innerhalb der Geschichte aus verschiedenen
Anzeichen (›Übelkeiten, Schwindel und Ohnmachten‹) auf
die Gewißheit eines bestimmten Zustandes geschlossen
wird, so schließt der Leser aus Andeutungen und Anspielungen auf die Gewißheit eines bestimmten Vorfalls. Aus Indi-
zien muß eine zweideutige Tat rekonstruiert werden. Doch
was dem Leser Vergnügen bereitet, bereitet der Heldin Qual.
Die zweite Seite der ›Tat‹, die er aus den ungewollt doppel-
sinnigen Worten der beteiligten Personen errät, führt sie an
den Rand des Wahnsinns.
So sehr die Heldin der ganzen Wahrheit [zu] entfliehen sucht
(in Ohnmachten, Verdrängungen), so sicher wird sie von ihr
eingeholt, während der Held sich noch so sehr anstrengen
kann, den ›Folgen seiner rasenden Tat‹ vorzubeugen, ohne
sie aufhalten oder ändern zu können.
Das Amüsante der Novelle besteht in der Art, mit der Kleist

sich die Anschauungs- und Ausdrucksweise bestimmter Kreise über einen so heiklen Gegenstand scheinbar zu eigen macht, es dabei aber einzurichten versteht, daß durch die fortwährenden schamhaften Umschreibungen das ›Unnennbare‹ deutlichere Konturen gewinnt, als es in einer direkten Nennung annehmen könnte.

Den Mechanismus, daß erst die schamhafte Verhüllung etwas Natürliches unnatürlich und skandalös erscheinen läßt, legt Kleist mit Spott und sichtlichem Vergnügen an der schockierenden Wirkung einer solchen Einsicht bloß.

Vor allem bereitet er denjenigen, denen die verblümten und gezierten Redewendungen zur zweiten Natur geworden sind, das permanente Mißgeschick, Anstößigkeiten zu sagen; läßt er sie Dinge vorbringen, die sie, wenn ihnen klar würde, was sie dauernd aussprechen, vor Scham vergehen lassen müßten.

Da sie aber in keinem Augenblick darauf kommen, wie zweideutig alles ist, was sie in schöner Unbefangenheit, gemäß den Regeln von Konvention, Anstand und guter Sitte sagen, kann Kleist so weit gehen, sie des Rätsels Lösung in einer Deutlichkeit, die nichts zu wünschen übrigläßt, aussprechen zu lassen.«

Michael Moering: Witz und Ironie in der Prosa Heinrich von Kleists. München: Fink, 1972. S. 288 f. – Mit Genehmigung der Wilhelm Fink GmbH & Co. Verlags-KG, München.

DORRIT COHN sieht das Verhalten der Marquise gegenüber dem Grafen auch von verdrängten Wünschen bestimmt:

»But the statement ›Ich *will nichts* wissen‹ opens up further vistas, and must further retain our attention: can one refuse to know something one totally ignores? does a refusal to know not indicate that somewhere in oneself one already knows what one does not want to know? The Marquise's words seem to reveal a cognitive duplicity, as though Kleist had endowed her with an unconscious form of knowledge unacknowledged by her conscious self. And this repressed depth of the psyche seems to have preserved the memory of the experience incurred during her state of unconsciousness.

[. . .]

But the unconscious memory that survives the Marquise's state of unconsciousness in turn casts an ambiguous light on that state itself. For it suggests that her refusal to know the threatening event may be the cause as well as the effect of her loss of consciousness. Though her fainting may seem amply motivated by physical circumstances (the siege, the fire, the threat of rape by the soldiers), as a reaction of terror it seems unduly delayed: while she was in actual danger, she effectively resisted the inclination to faint, intoning instead a more functional ›Zetergeschrei‹ (5,2). She faints only after the Count has led her to presumed safety. This temporal succession raises the possibility that the encounter with the Count is itself the immediate cause for her mental vacancy. Could not Kleist be implying that, in this turmoiled moment, the Count elicits illicit feelings in her, as she does in him, and that such feelings bring foreknowledge of the impending erotic happening? Though the narrator, in keeping with the Kleistian norm, gives us no sustained inside view of the Marquise in this scene, the one morsel of inside information he does provide only apparently contradicts this possibility: ›Der Marquise schien er ein Engel des Himmels zu sein‹ (5,5). For this deliberate denial of his non-angelic, *human* nature must surely apply to herself even as it applies to him. In this light, her flight into unconsciousness appears as an instant reaction to salvage the purity of consciousness in the moment of emerging eros.«

Dorrit Cohn: Kleist's »Marquise von O...«. The Problem of Knowledge. In: Monatshefte 67 (1975) S. 132 f.

Ebenfalls aus psychoanalytischer Sicht untersucht HEINZ
POLITZER das Verhältnis der Marquise zu ihrem Vater:

»Wenn es eine unerhörte Begebenheit in dieser sprachlich
unerhörten Erzählung gibt, dann ist es diese [die Versöhnung zwischen Vater und Tochter]. Was immer auch Kleist
der Neuen Héloise Rousseaus verdankt haben mag, die sub-
lime Schamlosigkeit der Szene ist ohne Vorbild, und selbst in
seinem Werk ohne ihresgleichen. Vor aller Peinlichkeit
bewahrt sie lediglich der fiebernde Atem, der dem Dichter
die Rede verschlägt, so daß er in der Fügung ›wie über das
Mädchen seiner Liebe‹ das Partizipium ›gebeugt‹ vergißt und
Lorenzo ›über den Mund seiner Tochter‹ beschäftigt sein
läßt, wobei er als ein Zeichen seiner Hingerissenheit den
Dativ mit dem Akkusativ ersetzt. In der ins Maßlose über-
steigerten Sprache, mit der Kleist diese barocke Liebesszene
instrumentiert und so über das chronikalische Deutsch der
Erzählung hinweghebt, wird er zum ›großen Manieristen‹,
als den Ludwig Tieck ihn durchschaut hat. Es ist sowohl für
das gesellschaftliche Bewußtsein wie für die psychologische
Typologie Kleists bezeichnend, daß er die Umarmung, die
seine Erzählung in Bewegung versetzt, in einem Gedankenstrich verschweigt; hier aber, in dem Bild der Vereinigung des
Vaters mit der Tochter, die ein Geringerer, weniger Wissen-
der als er, tabuisiert hätte, Detail an erotisches Detail fügt.
Was dort von Zensur ins Unsagbare abgeschoben worden
war, bricht hier mit nackter Leidenschaftlichkeit aus. Die
›Lust‹ dieses Vaters ist nicht, wie der Dichter behauptet,
›unsäglich‹, sondern wird mit pastoser Drastik nachgezeich-
net und auseinandergelegt, so als wäre sie standesgemäß und
gesellschaftsfähig. Das Über-Ich der Marquise gewährt ihr in
den Armen des Vaters, was es ihr in der Umarmung des Mannes untersagt hatte: Hingabe, Bewußtsein und Genuß. Hier
hat Kleist seine Marquise als Frau erkannt und dargestellt. In
der Infrastruktur der Erzählung kommt dieser ›Versöhnung‹
axiale Bedeutung zu: sie verbindet den unheilschwangeren
Beginn mit der Lösung an ihrem Ausgang.

In der Versöhnung mit der Tochter erhält auch das dezimierte Ichgefühl des Obersten eine Art von Genugtuung. Er hat den Mann, der seine Tochter zu Fall gebracht hatte, in den Schatten seiner väterlichen Autorität gestellt. So darf er sich auch eine gewisse Generosität erlauben, als es dem Grafen endlich gelingt, seine Identität als Vater des Kommandanten-Enkels zu behaupten nach einer Szene, in der sich die Marquise wie eine Besessene aufgeführt und den Mann aus Anlaß seiner dritten Werbung wortwörtlich zur Hölle geschickt hat und sodann ›verschwunden‹ ist.«

> Heinz Politzer: Der Fall der Frau Marquise. Beobachtungen zu Kleists »Die Marquise von O…«. In: Deutsche Vierteljahrsschrift für Literaturwissenschaft und Geistesgeschichte 51 (1977) S. 114 f.

Gegen die Deutung der Versöhnung zwischen Vater und Tochter als Inzest wendet sich GERO VON WILPERT:

»Das Schlüsselloch-Tableau der vermeintlich Unbeobachteten mag beim heutigen Leser aus einer Welt emotionaler Understatements solche Vermutungen [nämlich: die Annahme eines inzestuösen Verhältnisses] unterstützen, hat er doch den Ödipus- und Elektrakomplex hinter sich gelassen und sieht ihn nur noch bei anderen. Es mag hinzukommen, daß die beobachtende Figur, die Obristin, mehr Sympathie und Vertrauen erweckt als Nicolo und daß der Leser dank früherer Konditionierung erwarten zu dürfen vermeint, durch Schlüssellöcher ebenso unerwartete wie tiefe Einsichten zu erhalten.

Dennoch scheint es mehr als zweifelhaft, ob der Leser die Obristin für so stumpf, töricht und verblendet halten darf, wie es einige Interpreten tun, daß sie gar nicht merke, was hier gespielt werde. Erstaunlicherweise nämlich zeigt sich die Obristin von solchen Anfechtungen und den Einflüsterungen freudbelesener Interpreten gänzlich unberührt. Im Gegenteil stimmt sie in das Hochgefühl der Versöhnung mit

ein: ›das Herz quoll ihr vor Freuden empor‹ (44), und sie
›fühle sich wie eine Selige‹ (ebd), ja sie ›säumte, die Lust (...)
zu stören‹ (ebd). Ist die Obristin wirklich von allen guten
Geistern verlassen, daß sie nicht sofort einschreitet, ist sie
vom Schlage Jeronimos, der die Bestie im Menschen ver-
kennt, oder überträgt sich die Erwartung, Unerlaubtes zu
sehen, auf den Interpreten, der sich dem Schlüssellochgucker
gesellt?

Die Obristin jedenfalls, durch ihr Mißbehagen mit dem ehr-
pusseligen Renommiergehabe des Mannes zu resoluter Selb-
ständigkeit und zu eigenverantwortlichen Entscheidungen
gereift, erblickt in der gefühlsseligen Versöhnungsszene nur
die Fortsetzung ihres eigenen, vorhergegangenen und ähnlich exaltierten Gefühlsumschwungs und nichts Ungehöri-
ges, das ihr Einschreiten erfordern würde. Ebensowenig fahren die Frischversöhnten etwa bei ihrem Eintritt verstört
auseinander. Die Freude über die Rückkehr der verlorenen
Tochter, – nicht umsonst wird die ›Lust der himmelfrohen
Versöhnung‹ religiös untermauert – der Verstoßenen, ja Ver-
fluchten, erlebt durch ihren Hinzutritt keine Abschwächung,
sondern bezieht sie mit ein und setzt sich während der
Abendmahlzeit fort. Am nächsten Morgen erst ist der status
quo wiederhergestellt.

Der Erzähler selbst betont die Irrealität des Inzestverdachts
in der Versöhnungsszene durch Vergleiche, die Schein und
Sein differenzieren, indem sie den Oberflächeneindruck nur
– und eben nur – vergleichsweise, gleichsam wie ein ›als ob‹,
zulassen: der Vater küßt die Tochter ›gerade wie ein Verliebter‹ (ebd), er beugt sich ›wie über das Mädchen seiner ersten
Liebe‹ (ebd), und beide gehen ›wie Brautleute‹ (ebd) zur
Abendtafel. Gerade in der mehrfachen Wiederholung des
Vergleichs wird dem Verdacht der Freudianer der Boden ent-
zogen, und was schließlich dem heutigen Leser immer noch
als ein Zuviel an Rührung und Wiedergutmachung erscheinen mag, erklärt sich letztlich aus dem Schwanken zwischen
Extremen, das so typisch für diese Novelle ist, aus dem
Gefühlsüberschwang der Zeit und aus dem Emotionsstau

unterdrückter, jetzt befreiter Vaterliebe in einer Zeit, die echte und ungebrochene Gefühlsäußerungen nicht als indezent unterdrückte. Auch anatomisch versiertere Postfreudianer pflegen schließlich nicht mehr auf den ›Knien ihres Herzens‹ zu liegen.«

Gero von Wilpert: Kleists Schlüssellöcher. In: Dichtung, Wissenschaft, Unterricht. Festschrift für Rüdiger Frommholz. Hrsg. von Friedrich Kienecker und Peter Wolfersdorf. Paderborn: Schöningh, 1986. S. 336 f. – Mit Genehmigung der Ferdinand Schöningh Verlag GmbH, Paderborn.

DIRK GRATHOFF hebt den strengen Aufbau der Novelle im Vergleich mit Rohmers Verfilmung hervor:

»Kleists Erzählung ist ihrer Kompositionsform nach an dem Wechsel vom Schweigen zur Rede zur Schrift orientiert. Im axialen Zentrum des Textes, an seinem Wendepunkt steht die Zeitungsannonce, die uns gleich zu Beginn im Eröffnungssatz mitgeteilt wird. Bis zum Erscheinen der Anzeige versucht der Graf, sich der Marquise mündlich zu eröffnen, erst in der Traumerzählung, dann im (halb) unterdrückten Geständnis; danach sieht er sich gezwungen, zu Schriftformen zu greifen: zunächst zum Brief, dann zur Antwortanzeige, schließlich zur harten Form der Verträge und Dokumente. Dieses ästhetische Kompositionsprinzip hat Eric Rohmer in seinem *Marquise von O…*-Film nur einmal, dabei allerdings gravierend durchbrochen, wenn er am Ende des Films von seiner Maxime, Kleists Text wörtlich zu nehmen, abgewichen ist. Die Traumerzählung des Grafen, also die ›ästhetischste‹ Form des zweideutigen Geständnisses, hat Rohmer abweichend vom Text ganz ans Ende seines Films gesetzt, und damit die Komposition wie die analytische Kälte der Kleistschen Erzählung erheblich unterboten. Kleist endet eben nicht, wie Rohmer, bei der Schönheit ästhetischer Zweideutigkeit, sondern dort, wohin uns der Wunsch nach Eindeutigkeit führt: zu den Vertrags-Schriften. Kleist

läßt keine harmonisierende, beschwichtigende Versöhnung
zu, sondern nur eine, die der Dialektik menschlichen Daseins
standhält. Bis zuletzt weicht Kleists Text nirgends der Dialektik von Kunst und Leben aus: der Unerträglichkeit des
Zweideutigen in Liebe und Leben antwortet die Kunst, die
ihre Schönheit eben solcher Zweideutigkeit verdankt. Nie
jedoch bietet sie Versöhnung als Fluchtpunkt innerhalb ihrer
selbst, wodurch die Dialektik harmonisierend aufgehoben
wäre, sondern nur als Ganzes, in der Gesamtheit der Erzählung *Die Marquise von O...*«

Dirk Grathoff: Heinrich von Kleist: »Die Marquise von O...« Drei Annäherungsversuche an
eine komplexe Textstruktur. In: Interpretationen. Erzählungen und Novellen des 19. Jahrhunderts. Stuttgart: Reclam, 1988. S. 127 f.

2. Übersetzungen und Illustrationen

Die große Beachtung, mit der *Die Marquise von O...* aufgenommen worden ist, bezeugen nicht zuletzt die zahlreichen
Übersetzungen: Kleists Erzählung ist in nahezu alle europäi-
sche und etliche außereuropäische Sprachen übersetzt worden. Zwei herausragende Merkmale der Kleistschen Prosa –
ihre komplexe syntaktische Struktur sowie die unkonventio-
nelle, häufig sinnstiftende Interpunktion – sind nur bedingt
in einer Übersetzung nachzubilden. Je ein Beispiel aus einer
englischen und einer französischen Übersetzung mag dies
verdeutlichen. Beiden Ausschnitten liegt die Passage 4,32 bis
5,17 zugrunde, die mit dem Gedankenstrich in 5,14 das
›sprechendste‹ Satzzeichen der Erzählung aufweist.

»In vain the Marquise screamed for help to her terror-
stricken women fleeing through the back gate as she was
flung back and forth among the horrible gang of quarreling
soldiers. They dragged her to the rear castle yard, where she
was on the point of collapsing to the ground under the filthy
abuse inflicted on her when a Russian officer, hearing her

screams, came running up and began to lay about him with furious strokes, scattering the dogs panting after their prey. To the Marquise he seemed a very angel from heaven. He smashed the last of the murderous brutes, whose arms were wound about her slender figure, in the face with the hilt of his sword and made him reel back with the blood gushing from his mouth; then, saluting her courteously in French, he offered her his arm and led her, speechless from all she had gone through, to the other wing of the residence, which had not caught fire yet, where she fainted dead away. A little while after, when her terrified women appeared, he told them to call a doctor; promised them, as he put his hat on, that she would soon recover; and returned to the fray.«

Heinrich von Kleist: The Marquise of O———
and other stories. Translated by Martin Green-
berg. London: Faber & Faber, 1963. S. 42 f.

»Tiraillée de côté et d'autre par cette meute qui se la dispu-tait de haute lutte, c'était en vain que la marquise appelait à l'aide ses femmes tremblantes qui s'enfuyaient par la porte. On la traîna dans la cour intérieure du château et, là, elle allait s'effondrer sous les brutalités les plus odieuses lorsque parut, attiré par les cris de détresse de la dame, un officier russe qui, par de furieux coups, dispersa ces chiens lubriques acharnés à leur proie. Il apparut à la marquise tel un ange du ciel. De la poignée de son sabre, il frappa au visage le dernier de cette bande bestiale qui étreignait ce corps délicat et il le fit reculer chancelant, versant le sang à pleine bouche. Il offrit ensuite son bras à la dame, lui parlant en français avec courtoisie, et il la conduisit, muette après toutes les scènes de ce drame, dans l'autre aile du palais que les flammes n'avaient pas encore gagnée. Là, elle perdit complètement connaissance et s'effondra. C'est alors que ... ses femmes, épouvantées, ne tardèrent pas à paraître, et lui, fit tout le nécessaire pour faire venir un médecin; il leur assura, tout en

mettant son chapeau, qu'elle se remettrait sans tarder et il
repartit au combat.«

Heinrich von Kleist: La Marquise d'O… / Die
Marquise von O…. Le tremblement de terre au
Chili / Das Erdbeben von Chili. Traduction de
G. La Flize. Paris: Aubier-Flammarion, 1970.
S. 99 und 101.

Eine eigene Form der Interpretation bilden die *Illustrationen*, die vielen Einzel- und Sammelausgaben der *Marquise
von O…* beigegeben sind. Schon die Auswahl der jeweils
illustrierten Szenen, vor allem aber die Art der graphischen
Umsetzung und schließlich auch eventuelle Ergänzungen
bzw. Umdeutungen gegenüber Kleists Text (vgl. z. B. das
Geschlecht der Kinder in Scheidemandels Illustration) lassen
Rückschlüsse auf das jeweilige Textverständnis zu. Einige
Beispiele aus der Illustrationsgeschichte der Erzählung sind
im folgenden wiedergegeben.

Illustration von Wilhelm Scheidemandel

Illustration von Paul Helms

Illustration von Arnold Braune

Illustration von Wolfgang Felten

Illustration von Günter Horlbeck

Illustration von Josef Hegenbarth

3. Dramatisierungen und Verfilmungen

Kleists Erzählung ist mehrfach dramatisiert worden (vgl. die Aufstellung in den Literaturhinweisen)[1]. Der Anstoß für diese Bearbeitungen mag nicht allein in ihrem Stoff, einer auch im 20. Jahrhundert durchaus »unerhörten Begebenheit«, liegen; auch die Darstellungsform der Erzählung selbst kann eine Dramatisierung immerhin nahelegen: Die Handlungsführung konzentriert sich vorwiegend auf festumgrenzte, durch Auf- und Abtritte der handelnden Personen markierte Szenen, die sich zudem meist in Innenräumen abspielen; die Figur des Erzählers tritt kaum in Erscheinung; einzelne Textpassagen sind weitgehend aus direkt oder indirekt mitgeteilter Figurenrede aufgebaut (vgl. dazu auch den Text von Eric Rohmer).

Das Vorhaben, Kleists *Marquise von O...* zu dramatisieren, fand freilich auch grundsätzlichen Widerspruch. Dies zeigt die scharfe Reaktion von RUDOLF LOTHAR auf die Wiener Aufführung von Ferdinand Bruckners *Marquise von O.* (Premiere am 3. März 1933), die zugleich in übertreibender Form die Attraktivität dieses Vorhabens für viele Autoren bestätigt:

»Es gibt gewisse Stoffe, auf denen ein Fluch zu liegen scheint, wie etwa an dem Grabe Tutanchamons. Sogar in der Gelehrtenwelt, in der ja sonst der Aberglauben keinen Nährboden findet, herrscht die Sage, daß alle, die mit Tutanchamons Grab in Berührung kommen, eines unnatürlichen Todes sterben müssen. Der Dramatiker, der sich in die Nähe gewisser Stoffe wagt, muß dies nun nicht gleich mit dem leiblichen Tod büßen, aber mit dem letalen Ausgang seines Stückes, den

---

1 Es wurden nur solche Stücke berücksichtigt, deren Verfasser direkt auf Kleist verweisen oder deren Handlungsverlauf deutliche Übereinstimmungen mit der Erzählung zeigt. Keine dieser Bedingungen trifft auf Georg Kaisers Stück *Oktobertag* (1927) zu, das von Lothar gleichwohl zu den Dramatisierungen der *Marquise von O...* gerechnet wird (Rudolph Lothar, »Verfemte Theaterstücke. Stoffe, an die man nicht rühren sollte«, in: *Neues Wiener Journal*, 5. März 1933).

man in grausamer Theatersprache Durchfall zu nennen
pflegt. Merkwürdigerweise sind es gerade die Stoffe, auf
denen ein Fluch liegt, die die Dramatiker am stärksten anzie-
hen, weil jeder glaubt, soviel Kraft und Talent zu haben, um
den Fluch zu überwinden.

Zu diesen Stoffen gehört auch Kleists herrliche Novelle ›Die
Marquise von O.‹, an deren dramatischer Behandlung nun
auch Ferdinand Bruckner im Theater in der Josefstadt ge-
scheitert ist. Die ›Marquise von O.‹ ist zahllosemal dramatisiert worden. Ein Dramaturg einer großen deutschen Bühne
erzählte mir einmal, daß kein Jahr vergeht, ohne daß mindestens ein Drama, das die Kleistsche Novelle auf die Bühne
bringen will, bei seinem Theater eingereicht wird. Manchmal
sind es auch zwei oder drei im Jahr.«

Rudolph Lothar: Verfemte Theaterstücke.
Stoffe, an die man nicht rühren sollte. In: Neues
Wiener Journal. 5. März 1933.

Während die einzelnen Dramatisierungen an zentralen
Handlungselementen – der Vergewaltigung einer Frau durch
ihren Retter, der Suche nach dem Vater mittels der Zeitungsannonce, der Verweigerung der Heirat – festhalten, verfahren sie recht frei, was die historisch-geographische Situie-
rung des Geschehens und die Gestaltung der Charaktere
betrifft. So stellen Alfred Günther (1885–1969), Ferdinand
Bruckner (1891–1958), Egon Günther (geb. 1927) und Hartmut Lange (geb. 1937) jeweils eine preußische Familie zur
Zeit der napoleonischen Kriege in das Zentrum ihrer Theaterstücke und verlegen die Bühnenhandlung so in die Entste-
hungszeit von Kleists Novelle. HARTMUT LANGE hat die
Veränderung der Zeitumstände für sein gesellschaftskriti-
sches Stück *Die Gräfin von Rathenow* (1969, in überarbeite-
ter Fassung 1972) eigens erläutert:

»Die Novelle enthält wie keine andere von Kleist aktuelle
politische Biographie. Kleist benennt Ereignisse in Oberitalien, aber Geschichte bereichert oft literarische Daten, erst

Szenenfoto aus der Inszenierung von Hartmut Langes »Gräfin von Rathenow« im Thalia-Theater Hamburg (1972)

der 14. Oktober 1806 gibt der Annonce der von O… ihre
gesellschaftspolitische Sprengkraft. Die Geschichte von der
unberührten Witwe, die gewaltsam resozialisiert wird, dem
Urheber dieser Gewalt aber ihr Glück opfern will, hat Ana-
logien zum französisch-preußischen Krieg, der mit ähnlicher
Vehemenz über den rechts-elbischen Feudalstaat herfiel, um
ein politisches Kind zu hinterlassen, sehr gegen den Willen
des offiziösen Preußen: die Reform Hardenbergs und
Steins.«

> Hartmut Lange: Der Autor über sein Stück. In:
> Theater heute. 1969. H. 9. S. 37. – Mit Genehmi-
> gung von Hartmut Lange, Berlin.

Die nur wenige Male für den Wiederaufbau des Wiener
Burgtheaters im Jahr 1948 aufgeführte »Komödie des Vorurteils« *Die Marquise von O…* des Kammerschauspielers Wilhelm Heim (1888–1954) hingegen übernimmt weitgehend
den von Kleist vorgegebenen Rahmen: »Die Geschehnisse
begeben sich in Modena teils 1796, teils 1797«. Der Vater des
Kindes ist hier jedoch, ebenso wie in beiden Fassungen von
Langes Dramatisierung, Franzose; bei Bruckner wiederum
ist der Vater ein grober westfälischer Hauptmann.
Nicht nur in der Wahl von Handlungszeit und -ort und in
der Gestaltung einzelner Figuren, auch in ihrem Gattungs-
charakter unterscheiden sich die einzelnen Dramatisierungen
der Erzählung z. T. erheblich. Bei den frühen Bühnenbearbeitungen handelt es sich um eher ernste Schauspiele, die vorwiegend psychische Konflikte gestalten. So begeht etwa bei
Alfred Günther der Protagonist Hauptmann Fabian unmittelbar nach der Vermählung Selbstmord – in deutlicher
Parallele zu Fontanes *Schach von Wuthenow*. Die jüngeren
Dramatisierungen hingegen haben stärker lustspielartige
Züge. Heim und Egon Günther bezeichnen ihre Stücke sogar
ausdrücklich als »Komödie«, und Heimo Erbses (geb. 1924)
Oper *Julietta* trägt immerhin das Attribut »semiseria«, ist
also ›halbernst‹ zu verstehen. Diese Bearbeitungen können

zum Teil auf humorvoll-ironische Passagen von Kleists
Erzählung selbst zurückgreifen; zum Teil stellen sie, wie es
beispielsweise in dem unten angeführten Ausschnitt aus
Egon Günthers Komödie geschieht, einzelne Handlungsele-
mente in ganz neue Zusammenhänge. Dieses Verfahren hatte
bereits – allerdings mit einer gewichtigen Einschränkung –
RUDOLF LOTHAR, der Wiener Kritiker von Bruckners *Marquise von O.*, vorgeschlagen, der jede tragisch-ernste Dramatisierung so vehement abgelehnt hatte:

»Ich kann mir sehr gut vorstellen, daß ein geschickter Lust-
spielautor um dieses Inserat herum ein Lustspiel, einen
Schwank, eine Posse schreiben könnte, aber er dürfte sich
dabei nicht auf Kleist berufen.«

> Rudolf Lothar: Verfemte Theaterstücke. Stoffe,
> an die man nicht rühren sollte. In: Neues Wiener
> Journal. 5. März 1933.

Die beiden folgenden Abschnitte aus FERDINAND BRUCK-
NERS *Marquise von O.* und der überarbeiteten Fassung von
Egon Günthers *Kampfregel* veranschaulichen, auf wie unterschiedliche Weise die Erzählung dramatisiert worden ist. In
beiden Fällen ist die Formulierung der Zeitungsannonce
durch die Marquise dargestellt – ein Vorgang, der in Kleists
Erzählung selbst nur durch den Erzählerbericht mitgeteilt
wird (30,10–30).
Bruckners Schauspiel stellt die selbständige Entscheidung
seiner Hauptfigur in den Mittelpunkt:

O. *läßt nicht mehr den Blick von der Zeitung:* Als spürte ich
   schon, was mich an dieses Kind bindet: gerade seine arm-
   selige Hergelaufenheit.
VATER: Warte, was sie von dir verlangen, damit du uns in
   Ordnung bringst. – Ich muß in die Stadt.
O. *rasch:* Nimm mich mit dir.
VATER: Ich muß endlich die Flammen von Moskau sehn, wie
   sie sich auf den Gesichtern spiegeln.

O.: Du sperrst mich ja nur ein, damit man es nicht erfährt. Du könntest das Gegenteil erreichen. Nimm mich mit dir.

VATER: Ich überlasse dich dem Besten, was ich habe: dem Haus. *Fern:* Das Haus –

O.: Ich schreie, Vater.

VATER: – wird dich umarmen, *unbeweglich*, wie jetzt ich. *Ab.*

O.: Deine Arme halten mich nicht, ich spüre sie nicht. *Als befreite sie sich, stürzt sich auf das Blatt, liest hastig:* Hier wendet sich jemand an die freundliche Bürgerschaft um Hilfe. Ich bin zweiundvierzig Jahre alt, von angenehmem Äußeren, kann kochen, nähen, Wäsche waschen, auf höchste Ordnung, Sauberkeit bin ich gewohnt zu achten, besonders bei den etwaigen Kindern der Familie. Ohne eigenes Verschulden stehe ich allein im Leben. *Gesteigert:* Als unbemittelter Student der Rechte, dem von maßgebender Seite durchaus Eignung zugesprochen wird und der durch den Verlust seines ihn bisher unterstützenden Oheims in eine so schwierige Lage geraten ist, daß sein für ihn unerläßliches Studium kurz vor dessen Beendigung sich als in Frage gestellt erweist – in eine so schwierige Lage geraten, in eine noch schwierigere Lage ist auch die Marquise von –, aber ich kann doch nicht meinen Namen nennen? *Immer erregter:* Ein Spitz ist entlaufen, braun, von mittlerer Größe, hört auf den Namen Caligula, weiße Flecke auf den Pfoten, wer ihn findet, überbringe ihn der verzweifelten und unterzeichneten Eigentümerin, Gott wird es ihm vergelten, und eine Belohnung liegt für ihn bereit. Der Graf Heinrich Wilhelm von Bredow veranstaltet demnächst eine Versteigerung von einjährigen Vollblütlern. *Ausbruch:* Die Marquise Julia von O. erwartet demnächst ein Kind. *Verdeckt sich die Ohren.* Aber wie? Durch unerklärliche Fügung? Durch eine ihr unerkliche, von Gott gewollte Fügung, der sie sich beugt, ist ihr der Vater dieses Kindes nicht bekannt. *Läuft zum Blatt.* Wenn er sich meldet, wird Gott es ihm vergelten, und eine Belohnung liegt für ihn bereit. An den Herrn Administra-

tor dieser Zeitung, aus einwandfreiem Hause, ich verliere
den Verstand. *Will hinaus, prallt zurück.* Wer steht denn
dort?

STIMME: Der Herr Vater gab mir den Auftrag –

O. *schlägt die Tür zu:* Ich hatte es vergessen. *Sinkt auf einen
Stuhl und verstummt. Leichter:* Gott wird es ihm vergel-
ten, und eine Belohnung liegt für ihn bereit? *Schüttelt den
Kopf, wird still.* Die Marquise Julia von O. erwartet ein
Kind. Sie bittet den ihr unbekannten Vater, sich zu melden.
Schreibt es, sucht die Adresse aus der Zeitung.

Mädchen mit Licht

O. *lächelt:* Steht noch wer im Gang?

MÄDCHEN *nickt.*

O. *ruhig:* Trag den Brief dort auf die Post.

MÄDCHEN *ab mit dem Brief.*

O.: Nach dem Geheiß, Isaak zu opfern? *Ruhig:* Nein.

Ferdinand Bruckner: Die Marquise von O.
Schauspiel. Berlin: S. Fischer, 1933. S. 75–76.
[Ende des 2. Akts.]

EGON GÜNTHER knüpft mit seiner Dramatisierung an einen
verbreiteten Komödientypus an, indem er die Figurenkon-
stellation von Kleists Novelle u. a. um die Rolle der schlag-
fertigen und lebensklugen Dienerin erweitert:

MARQUISE: Ich werde nach dem Vater des Kindes suchen lassen. In der hiesigen Presse. Mittels einer Annonce.
Obristin sprachlos. Dann lacht sie schallend.

OBRISTIN: Marie-Luise!
Auftritt die Dienerin.
Marie-Luise, da war etwas, daß ich meinen Ohren nicht
traute. Tu mir die Liebe und wiederhole, Julietta.

MARQUISE: Bringe Tinte, Feder …

DIENERIN: … und Papier. Was wollen Sie denn aufschreiben?

OBRISTIN: Sie will nicht ihren Vater besänftigen, sondern ihr
Schicksal auf sich nehmen. Sie will nach dem Vater ihres
Kindes annoncieren.

DIENERIN: Na ja, irgendwo muß er ja stecken. Ich finde das
gar nicht komisch, Madame.
Dienerin ab.
OBRISTIN: Ich wollte dich dazu bewegen, dich noch einmal
deinem Vater zu Füßen zu werfen, seine Verzeihung zu
erflehen …
*Die Marquise schweigt. Auftritt die Dienerin mit Schreib-
zeug. Man sinnt. Überraschenderweise und mit gro-
ßer Entschlossenheit macht die Obristin den ersten Vor-
schlag.*
OBRISTIN: Schreibe! Welcher Kerl hat sich unterfangen, mir
heimlich …
DIENERIN: So meldet der sich nie. Wollen Sie ihn denn exe-
kutieren lassen, Madame?
OBRISTIN, *unwirsch:* Ach …
Die Frauen denken nach.
DIENERIN: Mittdreißigerin – das stimmt doch ungefähr,
Madame? Sucht denjenigen, der sie …
OBRISTIN: Der sie. Was denn? Wir müssen Umschreibungen
finden. Unsere Zeitungen sind penibel.
DIENERIN: Man kann das Ganze auch verschlüsseln wie in
einer Tierfabel von La von Teine.
OBRISTIN: Himmel, wie bei wem?
DIENERIN: Na, von diesem Franzosen, Sie wissen schon. Ver-
schlüsseln ist dichterisch. Etwa: War einst ein Habicht
ziemlich schamlos … Hier beginnt die Kalamität. Denn
die nächste oder übernächste Zeile, je nach dem Schema,
das Sie wählen, a b a b oder a b b a, Sie verstehn, müßte sich
auf schamlos reimen. Und das finden Sie mal. Ich nicht. –
Oder vielleicht reimlos, das ginge auch, etwa: Schlimmer
Uhu, der du damals / in den Nächten, als der Mond
schwamm.
OBRISTIN: Marie-Luise, was wissen Sie!
DIENERIN: Aber nichts, Madame, ich dichte.
Die Frauen denken nach.
DIENERIN: Leugnen zwecklos, da Gesicht erkannt! – Das ist
auch eine Möglichkeit. Das hat mal eine Bekannte von

mir einem Kerl hinterher nachgeschrien, es soll in einer Scheune gewesen sein nach'm Tanz ...

Die sprachlose Obristin haut sich mit beiden Händen auf die Schenkel.

DIENERIN, *erhebt sich plötzlich:* Wenn es mir geschehen wäre und er träte herein durch die Tür in meine Kammer auf die Annonce hin, du Hund, würde ich sagen, aber wenn er sonst nett wäre, würde ich ihn auch küssen. Was heißt Liebe.

MARQUISE: Schreibe. Ich, die verwitwete Marquise von O., bin ohne mein Wissen in andere Umstände gekommen. Ich entschließe mich zu diesem sonderbaren, den Spott der Welt reizenden Schritt, daß der Vater zu dem Kind sich melde. – Es wird kühl hier draußen.

Obristin und Marquise ins Haus ab.

DIENERIN: Da darf man aber gespannt sein.

Egon Günther: Kampfregel. Komödie nach Kleists Marquise von O. Berlin: Eulenspiegel Verlag, 1970. S. 80–82. – Mit Genehmigung von Das Neue Berlin Verlags GmbH, Berlin.

Neben diesen Dramatisierungen wurde *Die Marquise von O...* zweimal auf sehr unterschiedliche Weise verfilmt. Der 1920 gedrehte Film von Paul Legband nimmt in recht freier Gestaltung einzelne Motive aus Kleists Erzählung auf und fügt sie in eine Handlung ein, die kaum noch Gemeinsamkeiten mit Kleists Novelle hat (vgl. dazu Kanzog, *Kleist und der Film*, S. 150).

Ganz anders verfährt ERIC ROHMER (geb. 1920) in seiner Verfilmung aus dem Jahr 1976, der zweifellos bekanntesten Bearbeitung der *Marquise von O...* Rohmers Film orientiert sich weitgehend sehr eng an Kleists Text[2] und macht gerade so die Unterschiede zwischen dem Medium Literatur und dem Medium Film besonders sinnfällig. Rohmer hat die

---

2 Zu einem allerdings wesentlichen Eingriff Rohmers in den Handlungsverlauf vgl. den Textauszug von Dirk Grathoff in Kap. IV,1.

Standfoto aus dem Film »Die Marquise von O...«
von Eric Rohmer (1975)

Nähe seines Films zu der Erzählung folgendermaßen begründet:

»In diesem Fall zeigt es sich, daß die Novelle ›Die Marquise
von O.‹ nicht nur das ›Sujet‹ für einen eineinhalbstündigen
Film abgibt, sondern schon ein echtes ›Drehbuch‹ ist, auf das
sich die Regiearbeit ohne Vermittlung einer sogenannten
›Bearbeitung‹ direkt stützen kann. Das Werk, das ganz für
sich steht und nur zur einmaligen Lektüre bestimmt ist, fordert jene Anstrengung der Vorstellungskraft oder genauer:
der Vergegenwärtigung, die auch vom Leser eines Theater-
stücks gefordert wird. Es verlangt nach Fortsetzungen, die in
diesem Fall nicht mehr auf der Bühne stattfinden, sondern
auf der Leinwand. Die filmische Übersetzung gelingt hier
gleichsam wie von selbst und ist nicht, wie so oft, ein Kampf
gegen eine widerstrebende Materie.

Erstens, weil die Dialoge des künftigen Films schon vollständig ausgearbeitet sind in einer Form, die gänzlich untheatralisch ist, die, wie wir meinen, glatt ›über die Leinwand gehen‹ müßten; weil die Dialoge in direkter Rede stehen oder, in indirekter Rede geschrieben, äußerst leicht umzusetzen sind.

Zweitens, weil sich der Erzähler jegliche Andeutung der inneren Vorgänge seiner Helden versagt. Alles ist von außen her beschrieben und mit der gleichen Ungerührtheit betrachtet wie durch das Objektiv einer Kamera. Die Beweggründe der Personen lassen sich nur durch die Beschreibung ihres Verhaltens hindurch erahnen. Der Film ist hier also der Erzählung gegenüber nicht im Nachteil, da sie ja gerade ihre Möglichkeit zur Introspektion an keiner Stelle wahrnimmt.

Drittens, weil Kleist uns mit äußerster Präzision, besser als der gewissenhafteste Drehbuchautor, über die Gewohnheiten, Bewegungen, Äußerungen seiner Helden Auskunft gibt. In jedem Augenblick wissen wir, ob eine Figur steht, sitzt oder auf den Knien liegt, ob sie ihren Partner umarmt oder ihm die Hand reicht, ... ob sie ihn anschaut oder den Blick abwendet. Wäre jede Zeile des Textes mit einem Stich illustriert, könnte dieser nicht besser unsere Vorstellungskraft ansprechen.«

Eric Rohmer: Anmerkungen zur Inszenierung. In: Heinrich von Kleist: Die Marquise von O… Mit Materialien zu dem Film von Eric Rohmer und einem Aufsatz von Heinz Politzer. Hrsg. von Werner Berthel. Frankfurt a. M.: Insel-Verlag, 1979. S. 111 f. – © 1979 Insel Verlag, Frankfurt am Main.

Daneben gab es noch weitere Pläne zur Verfilmung der *Marquise von O…*: Während seiner Emigration skizzierte BERTOLT BRECHT, der auch über die Verfilmung des *Kohlhaas* nachdachte, das Handlungsgerüst eines möglichen Films:

»Die Marquise von O. Weiß nicht, wer sie geschwängert hat.
Der Bursche des Offiziers stellt sich als Vater vor.«

Bertolt Brecht: Texte für Filme. Frankfurt a. M.:
Suhrkamp, 1969. S. 654.

Wolfgang Liebeneiner beabsichtigte 1948 eine Verfilmung
der Erzählung in den Göttinger Filmstudios, die vom briti-
schen Kulturoffizier verhindert wurde (vgl. Kanzog, *Kleist
und der Film*, S. 171).
Von dem Fehlschlagen eines besonderen Drehbuch-Projek-
tes berichtet schließlich ERNST JOSEF AUFRICHT in seinen
Erinnerungen an die Emigration. Über den Aufenthalt in
Marseille 1941 schreibt er:

»Seltsame Wege wurden gegangen, um zu Geld zu kommen.
Normale Geschäfte oder Verdienste existierten für uns nicht.
Beziehungen und Empfehlungen wurden gehandelt. Jacoby
verkaufte dem Filmverleiher Osso, der einen originalen Stoff
nach Amerika mitnehmen wollte, die Geschichte der Marquise von O. von Heinrich von Kleist als seine eigene Story.
In Hollywood hatte irgend jemand Kleist gelesen und als
beide dorthin gekommen waren, mußte Jacoby den Betrag
zurückzahlen.«

Ernst Josef Aufricht: Erzähle damit du dein
Recht erweist. Frankfurt a. M. / Berlin: Propy-
läen Verlag, 1966. S. 222.

V. Texte zur Diskussion

1. Russen und Asiaten

So wie Kleist mit der Wahl von Handlungsort und -zeit einen durchaus realistischen Rahmen für seine Erzählung geschaffen hat, entsprechen auch die von ihm geschilderten Gewalttaten der russischen »Mordknechte« (5,6) dem tatsächlichen Verhalten der russischen Truppen (und auch dem der Truppen anderer Nationen) während des Zweiten Koalitionskrieges in Oberitalien. Wesentlicher als diese ›historische‹ Deutung ist für das Verständnis der Erzählung jedoch noch ein anderer Aspekt: Der hier dargestellte Gegensatz zwischen den von dumpfer Leidenschaft getriebenen »Asiaten« (6,4) einerseits und dem die Umgangsformen des europäischen Adels beherrschenden russischen Offizier andererseits spiegelt die allgemeinen Vorstellungen des 18. und frühen 19. Jahrhunderts wider, die in Enzyklopädien und Lexika festgeschrieben wurden: Während man Rußlands Ausrichtung am zivilisierten Westen wohlwollend anerkannte und es den europäischen Ländern an die Seite stellte, sah man die übrigen asiatischen Völker als primitiv und minderwertig an. Vor diesem allgemeinen Anschauungs- und Erwartungshintergrund ist auch das Verhalten des Grafen F… gegenüber der Marquise und ihrer Familie zu betrachten.

Der Historiker HERMANN HÜFFER schildert die Konflikte zwischen der österreichischen und italienischen Zivilbevölkerung und den russischen Soldaten während des Feldzuges von 1798 und 1799:

»Dazu kam das Benehmen der russischen Soldaten, das man nicht nach den offiziellen Lobeserhebungen in Armeebefehlen und Zeitungen beurteilen darf. Streit und Klagen hatten schon in dem Augenblick begonnen, in welchem das Hilfskorps im Oktober 1798 die österreichischen Grenzen überschritt. Während ihres Aufenthaltes an der Donau war es nicht selten zu argen Ausschreitungen gekommen. Der preußische Gesandte in Wien, Graf Keller, berichtet am 29. Dezember, man klage viel über die Diebstähle und Exzesse der Russen, sonderbarerweise weniger über die Kosaken als über die regulären Truppen. Am 13. Februar 1799 schreibt er, der Großjägermeister Harrach beschwere sich bitter, daß die Russen seine Jagden verwüsteten, die Provinzialregierungen seien außer sich über ihre Ausschweifungen und die üblen Krankheiten, die sie hinterließen, die Bauern würden zum Aufstande und zur Empörung gebracht; man mache Thugut zum Vorwurf, daß er nicht für den baldigen Abzug der Russen nach Italien gesorgt habe.

[...]

Kaum waren die Russen in Italien angelangt, so wiederholten sich dort die Klagen gegen ihre Aufführung. Freilich ihre Tapferkeit, ihre Ausdauer mußte jeder anerkennen; aber ihre militärische Ausbildung erschien den österreichischen Generalen keineswegs musterhaft. Auch der Kosakengeneral Denisow, der über den italienischen Feldzug merkwürdige Erinnerungen aufgezeichnet hat, stellt nicht in Abrede, daß seine Leute in dem ungewohnten, von Hecken und Gräben durchzogenen Lande sich nicht zurechtzufinden wußten; nicht einmal die Offiziere. Chasteler riet ihnen, sich eine Uhr und Karten anzuschaffen; aber für eine Uhr fehlte es ihnen an Geld, und mit Plänen wußten sie nichts anzufangen. Das Übelste war, daß durch Raub und Gewalttaten jeder Art die Bevölkerung des besetzten Landes aufs äußerste erbittert wurde. Der General Zoph klagt schon am 23. April [1799] aus Palazzuolo über die ›unerlaubte, unmenschliche Benehmung der russischen Truppen, welche in der verflossenen Nacht Landmann, Bürger und Kavalier rein ausgeplündert hätten‹. Freilich, setzt Zoph hinzu, machten es die österreichischen Truppen, die infolgedessen des nötigen Unterhaltes beraubt waren, nicht besser.«

Hermann Hüffer: Der Krieg des Jahres 1799 und die zweite Koalition. Bd. 1. Gotha: Perthes, 1904. S. 280–282.

Das Universallexikon von JOHANN HEINRICH ZEDLER betont in der Mitte des 18. Jahrhunderts die Orientierung Rußlands an Europa:

»Was der Russen Sitten und Gebräuche anbelanget, so wird man in denselben einen ungemeinen grossen Unterscheid antreffen, wenn man die gegenwärtige Beschaffenheit gegen die vorigen Zeiten halten wolte. Die rühmlichen Anstalten des Czaars Peters I., wie auch seiner Nachfolger und die von denen Russen in die Europäischen benachbarten Lande geschehene Reisen, sowohl als die Menge der nach und nach dahin beruffenen Ausländer haben dieser Nation eine gäntzliche Veränderung verursachet. Die alten Kleidungen sind durchgehends abgeleget, und die Manier zu leben nach der übrigen Europäischen Nationen Sitten eingerichtet: indessen sind doch viele besondere Gewohnheiten anzutreffen, welche auch gröstentheils mit der Rußischen Religion eine Verwandniß haben.«

Johann Heinrich Zedler: Grosses vollständiges Universal-Lexicon. Bd. 32. Leipzig/Halle: Zedler, 1742. Sp. 1912 (Artikel »Rußland«).

Starke Vorbehalte gegenüber der Kultur der meisten asiatischen Völker werden hingegen noch in der ersten Hälfte des 19. Jahrhunderts in Brockhaus' Konversationslexikon formuliert:

»Unter den jetzt lebenden Völkern Asiens sind alle Formen des gesellschaftlichen Zustandes vorhanden, von der Rohheit der Nomaden bis zu der weichlichsten Üppigkeit des Orientalen; nur nicht die Formen der gesetzmäßigen Freiheit und der Ausbildung des Menschen zu dem höhern geselligen Leben. Denn von jeher haben allein Priester und Eroberer den Orient politisch gestaltet, und zwar bei öfterm Wechsel der Revolutionen und Dynastien [. . .] stets nach derselben Regel des blinden Gehorsams. Darum hat daselbst die alte Zeit in allen ihren Erscheinungen die Herrschaft über das

Neue und Bessere behauptet; am meisten ist das geistige
Leben in China und Japan erstarrt. Noch ist die Sklaverei
Sitte; noch ist das Weib zum Werkzeuge des Mannes erniedrigt. Die herrschende Staatsform ist der in Asien entstandene
Despotismus; daher jene kunstvoll abgestufte, peinlich
strenge Etikette in allen öffentlichen Verhältnissen, sowie die
mit Grausamkeit verbundene, durch Opium und Aberglauben erkünstelte gleichgültige Unempfindlichkeit des Volks
gegen das Schicksal: ein fast allgemeiner Charakterzug des
übrigens so leidenschaftlichen Asiaten! Indeß hat sich auch
noch, neben republikanischer Stammverbindung, die patriarchalische Gewalt der Stamm- und Familienhäupter erhalten.
Nur da, wo der Europäer sich angesiedelt hat, in Süd- und
Nordasien, ist die bürgerliche Cultur der abendländisch-
christlichen Welt im Aufkeimen begriffen.«

> Allgemeine deutsche Real-Encyklopädie für die
> gebildeten Stände (Conversations-Lexicon). In
> zwölf Bänden. Bd. 1. 7. Aufl. Leipzig: Brock-
> haus, 1827. S. 460 (Artikel »Asien«).

2. Liebe und Ehe

Im Verlauf der Erzählung zeigt die Marquise höchst unterschiedliche Einstellungen gegenüber einer möglichen Wiederverheiratung: Lehnt sie diese zunächst gänzlich ab, ist sie
nach der Feststellung ihrer Schwangerschaft zu einer Eheschließung mit einem ihr unbekannten Mann bereit, um dem
Kind den Makel der Unehelichkeit zu ersparen. Später
sträubt sie sich jedoch heftig gegen eine Heirat mit dem Grafen F... und begründet dies damit, daß ihr eigenes Wohl nun
Vorrang vor demjenigen des Kindes habe (48,25 f.). Erst
angesichts des Heiratskontraktes willigt sie in die Ehe ein,
die sich erst später zu einer glücklichen Verbindung entwickelt.
Dasselbe Spannungsfeld von sachlich-juristischer Erwägung
und emotional bestimmter Entscheidung charakterisiert

auch die allgemeine Entwicklung des bürgerlichen Liebe-
und Eheverständnisses im Übergang vom 17. zum 18. Jahrhundert. DIETER SCHWAB zeichnet diese Entwicklung
nach:

»Weit mehr noch als im aufgeklärten Individualrecht wird
die Familie als soziale Grundeinheit durch einen seit der
Mitte des [18.] Jahrhunderts in Deutschland vordringenden
sensiblen Individualismus in Frage gestellt, der mit der Aus-
weisung des Rechts aus dem Kern der familiären Beziehungen auf die politische Entpflichtung der Familie hinsteuert.
Der geistesgeschichtliche Vorgang hängt mit einem Wandel
der Auffassungen von der ehelichen Liebe zusammen. Daß
die Ehegatten sich lieben sollen, ist ein altes christliches
Postulat. Bei allen Differenzierungen weist die eheliche
Liebe aber nach ihrem älteren Begriffe insgesamt folgende
Züge auf: 1) Sie bildet nicht denknotwendig die Fortsetzung
einer schon für die Eheschließung kausalen Zuneigung, sondern bildet ein Verhaltensgebot *aufgrund* der Eheschließung. Auch wenn die ältere Eheliteratur davor warnt, die
Kinder wider ihren Willen zur Ehe zu bestimmen, bildet die
Zuneigung nicht das Essentiale der ehelichen Verbindung.
2) Die eheliche Liebe – in ihrer groben Deutung nichts ande-
res als die Summe häuslicher Verhaltenspflichten – enthält
weder das Element der völligen psychischen Verschmelzung
der Ehegatten noch das der Erotik. Auch dort, wo gemüt-
hafte Züge stark hervortreten, wie in der reformatorischen
und puritanischen Literatur, bleibt das eheliche Verhältnis
objektiviert. Eheliche Liebe ist Freundschaft, sie dient weder
der psychischen Hingabe noch dem Lustgewinn, sie trägt
asketische Züge. So wird davor gewarnt, eine Geliebte zur
Ehefrau zu nehmen und die eheliche Liebe zu übertreiben.
Es gibt demnach einen Dualismus von ehelicher (›keuscher‹)
und außerehelicher Liebe; in die letztere wird die Erotik
hineingedacht und dabei entweder disqualifiziert (Sünde),
oder der kirchlichen Moral zum Trotz vergöttert, so daß Ver-
feinerungen der Geschlechterliebe die Ehe unberührt lassen.

3) Der Pflichtcharakter der ehelichen Liebe bedingt ihre
Ausrichtung an den sozialen Zwecken der Familie.

Die folgenreiche Umdeutung des ehelichen Verhältnisses im
Verlauf des 18. Jahrhunderts macht eine die gesamte Person
engagierende psychische Disposition zum Wesen der Ehe
selbst. Die Vorgeschichte dieser Eheauffassung ist verwik-
kelt. Seit dem Humanismus wird vereinzelt die Unverein-
barkeit der Gemüter und Sitten als Scheidungsgrund postu-
liert. Dem seelischen Verhältnis der Ehegatten wird damit,
ohne daß man schon von einer ›romantischen‹ Eheauffassung sprechen könnte, erhöhte Aufmerksamkeit zuteil. Von
hier aus führt der Weg vereinzelt schon im 17. Jahrhundert,
wie etwa bei John Milton, zu einer personalistischen Ehe-
konzeption. Die Hervorkehrung des Gemüthaften in der
Ehe durch die englische Literatur des beginnenden 18. Jahrhunderts hat an der Entwicklung bedeutenden Anteil. In
Deutschland mehren sich seit der Jahrhundertmitte die
Stimmen, die in der Ehe eine ›Gemütsverbindung‹ sehen und
als Ehezweck die Freundschaft angeben. Folgerichtig kann
die Liebe zur Voraussetzung der Ehe gemacht und mit ihr
letztlich identisch werden. In dem Ehebuch Daniel Defoes,
dessen deutsche Übersetzung mehrere Auflagen erlebte,
heißt es: ›Ich sage, daß die Ehe nicht vor rechtmäßig halten
kann, wo nicht eine herzliche, unverfälschte und befestigte
Liebe stattgefunden, ehe die Heirat vollzogen worden‹. Mit
dem Fortschreiten der sensiblen Lebenshaltung unter den
Gebildeten in der 2. Hälfte des 18. Jahrhunderts wird
schließlich der Dualismus von Freundschaft und Sinnlich-
keit überwunden und das Liebesverhältnis moralisiert.
Wenn unter diesen Vorzeichen auch vielfach eine ehefeindli-
che, auf die bürgerliche Geldehe zielende Literatur entstand,
so scheint man für die geistig-sinnliche Liebesbeziehung auf
die Dauer nicht ohne den legitimierenden Titel ›Ehe‹ ausge-
kommen zu sein. Das gilt auch für die Romantik, die dem
empfindsam-erotischen Verhältnis der Geschlechter die
letzte Steigerung gegeben hat: Die Liebe *ist* Ehe, auch ohne
Trauung und bürgerliche (kirchliche) Zeremonien. Ehe

bedeutet das Einswerden (Seelenvereinigung) von Mann und Frau in der Liebe.«

Dieter Schwab: Familie. In: Otto Brunner, Werner Conze und Reinhart Kosellek (Hrsg.): Geschichtliche Grundbegriffe. Historisches Lexikon zur politisch-sozialen Sprache in Deutschland. Bd. 2. 3. Aufl. Stuttgart: Klett-Cotta, 1992. S. 284–286. – Mit Genehmigung des Verlags Klett-Cotta, Stuttgart.

VI. Literaturhinweise

1. Erstdruck und Gesamtausgaben

Die Marquise von O. . . . In: Phöbus. Ein Journal für die Kunst. Hrsg. von Heinrich von Kleist und Adam H. Müller. Zweites Stück. Februar 1808. S. 3–32.

Erzählungen. Von Heinrich von Kleist. Berlin: Realschulbuchhandlung, 1810. [»Die Marquise von O…« S. 216–306.]

Heinrich von Kleists gesammelte Schriften. Hrsg. von Ludwig Tieck. 3 Tle. Berlin: Reimer, 1826. [»Die Marquise von O….« in Tl. 3, S. 112–158.]

Sämtliche Werke. Hrsg. von Theophil Zolling. Tl. 1–4. Berlin und Stuttgart: Spemann, 1884–85. (Deutsche National-Litteratur. Hrsg. von Joseph Kürschner. Bd. 149,1.2 und Bd. 150, 1.2). [»Die Marquise von O…« in Tl. 4, S. 16–58.]

H. v. Kleists Werke. Im Verein mit Georg Minde-Pouet und Reinhold Steig hrsg. von Erich Schmidt. Kritisch durchges. und erl. Gesamtausgabe. 5 Bde. Leipzig/Wien: Bibliographisches Institut, [1904 bis 1905]. [»Die Marquise von O…« in Bd. 3, S. 249–294.]

H. v. Kleists Werke. Nach der von Georg [!] Schmidt, Reinhold Steig und Georg Minde-Pouet besorgten Ausgabe neu durchgesehen und erweitert von Georg Minde-Pouet. 7 Bde. [mehr nicht erschienen]. Leipzig: Bibliographisches Institut, [1936–38]. [»Die Marquise von O…« in Bd. 6/2, S. 1–50.]

Werke und Briefe. Hrsg. von Siegfried Streller in Zusammenarbeit mit Peter Goldammer, Wolfgang Barthel, Anita Golz, Rudolf Loch. 4 Bde. Berlin/Weimar: Aufbau-Verlag, 1978. [»Die Marquise von O…« in Bd. 3, S. 113–157.] 2. Aufl. Frankfurt a. M. 1986 ff.

Sämtliche Werke und Briefe. Hrsg. von Helmut Sembdner. 2 Bde. 7., verm. und rev. Aufl. München: Hanser, 1984. [Zit. als: SW, Bd., S.]

Sämtliche Werke. »Berliner Ausgabe«. Bd. II/2: Die Marquise von O. . . . Hrsg. von Roland Reuß in Zusammenarbeit mit Peter Staengle. Basel / Frankfurt a. M. 1989.

Sämtliche Werke und Briefe in vier Bden. Bd. 3: Erzählungen. Anekdoten. Gedichte. Schriften. Hrsg. von Klaus Müller-Salget. Frankfurt a. M.: Deutscher Klassiker Verlag, 1990 (Bibliothek deutscher Klassiker. 51). [»Die Marquise von O…« S. 143–186.]

2. Bearbeitungen

a) Verfilmungen

»Die Marquise von O…«. Deutschland 1920. Regie: Paul Legband. Uraufführung: Berlin, 2. September 1920.

»Die Marquise von O…«. Bundesrepublik Deutschland / Frankreich 1976. Regie: Eric Rohmer. Uraufführung: Cannes, 17. Mai 1976.

b) Bühnenbearbeitungen

Alfred Dreßler: Die Stunde des Weibes. Schauspiel in 3 Akten. Wien 1923.

Hans Olden [d. i. Johann August Oppenheim]: Die Marquise von Ormand. Schauspiel in 4 Akten. Nach Kleists Novelle. Berlin 1929. – Uraufführung: Staatstheater Wiesbaden, 9. Juni 1929.

Ferdinand Bruckner [d. i. Theodor Tagger]: Die Marquise von O. Schauspiel. Berlin 1933. – Uraufführung: Darmstadt, 25. Februar 1933.

Alfred Günther: Hauptmann Fabian. Schauspiel. Nach der Erzählung »Die Marquise von O…« von Heinrich von Kleist. Berlin 1934. – Auch in: Alfred Günther: Phönix zwei. Dichtung aus den Dresdner Jahren. Stuttgart 1965. S. 65–110. – Uraufführung: Münchner Kammerspiele, Februar 1935.

Wilhelm Heim: Die Marquise von O… Eine Komödie des Vorurteils in 5 Akten nach Heinrich von Kleist. Bühnenmanuskript Burgtheater Wien 1948. – Uraufführung: Burgtheater Wien, 18. Januar 1948.

Heimo Erbse: Julietta. Opera semiseria nach Heinrich von Kleists Novelle »Die Marquise von O…«. Op. 15. Frankfurt a. M. / London / New York 1959. – Uraufführung: Salzburger Festspiele, 17. August 1959.

Egon Günther: Die Kampfregel. Komödie nach Kleists »Die Marquise von O.« Mit zwei Illustrationen von Inge Jastram. In: Neue deutsche Literatur 16 (1969) H. 7. S. 103–156. Überarbeitete Fassung mit Illustrationen von Klaus Ensikat: Berlin 1970.

– Die merkwürdigen Umstände der Marquise von O… Komödie frei nach Kleists Novelle. Uraufführung: Friedrich-Wolf-Theater Neustrelitz, Januar 1972.

Hartmut Lange: Die Gräfin von Rathenow. Frankfurt a. M. 1969. – Uraufführung: Bühnen der Stadt Köln, 11. September 1969. – Überarbeitete Fassung in: H. L.: Theaterstücke 1960–72. Reinbek 1973. S. 191–234. – Uraufführung: Thalia-Theater Hamburg,

1. September 1972. – Fernsehfassung: Die Gräfin von Rathenow. Fernsehfilm. Regie: Peter Beauvais. Erstsendung: ZDF, 1. Oktober 1973.

Hans Jürgen Syberberg: Die Marquise von O.... (... vom Süden nach dem Norden verlegt). Uraufführung: Hebbel-Theater Berlin, 31. März 1989. Programmheft: Berlin 1989.

Marita Breuer: Die Marquise von O... Erzählt und gespielt von M. B. Uraufführung: Düsseldorfer Schauspielhaus, 2. Mai 1992.

3. Untersuchungen

Alt, A. T.: Kleist's vision: Time, interior and exterior space in the novellas. A typological study. In: Formen realistischer Erzählkunst. Festschrift für Charlotte Jolles. Hrsg. von Jörg Thunecke und Eda Sagarra. Nottingham 1979. S. 79–87.

Anderegg, Johannes: Direkte und indirekte Rede (Fontane, Kleist). In: J. A.: Leseübungen. Kritischer Umgang mit Texten des 18. bis 20. Jahrhunderts. Göttingen 1970. S. 35–54.

Bacher, Suzan: Überlegungen zum Erzieherischen mit Heinrich von Kleist. Zu einer Unterrichtseinheit über »Die Marquise von O...«. In: Lehren und Lernen. Zeitschrift des Landesinstitutes für Erziehung und Unterricht (Stuttgart) 16 (1990) H. 2. S. 36–56.

Bauermeister, Thomas: Erzählte und dargestellte Konversation: Der Heiratsantrag in Kleists und Eric Rohmers »Die Marquise von O...«. In: Klaus Kanzog (Hrsg.): Erzählstrukturen – Filmstrukturen. Erzählungen Heinrich von Kleists und ihre filmische Realisation. Berlin 1981. S. 90–141.

Bentzel, Curtis C.: Knowledge in narrative. The significance of the swan in Kleist's »Die Marquise von O...«. In: The German Quarterly 64 (1991) S. 296–303.

Bianchi, Lorenzo: Studien über Heinrich von Kleist. I. »Die Marquise von O...«. Bologna 1921.

Blankenagel, J[ohn] C[harles]: Heinrich von Kleist's »Marquise von O....«. In: The Germanic Review 6 (1931) S. 363–372.

Bokelmann, Siegfried: Betrachtungen zur Satzgestaltung in Kleists Novelle »Die Marquise von O...« In: Wirkendes Wort 8 (1957/58) S. 84–89.

Borchardt, Edith: Mythische Strukturen im Werk Heinrich von Kleists. Diss. Berkeley 1983. S. 146–179.

Bülow, Eduard von: Heinrich von Kleist's Leben und Briefe. Berlin 1848.

Cohn, Dorrit: Kleist's »Marquise von O...«. The problem of knowledge. In: Monatshefte 67 (1975) S. 129–144.

Crosby, Donald H.: Psychological realism in the works of Kleist: »Penthesilea« and »Die Marquise von O...«. In: Literature and Psychology 19 (1969) S. 3–16.

Davidts, Hermann: Zur Quellengeschichte einiger Motive Heinrichs von Kleist. In: Euphorion 19 (1912) S. 350–353.

– Die novellistische Kunst Heinrich von Kleists. Berlin 1913. Neudr. Hildesheim 1973 S. 61–70.

Dettmering, Peter: Heinrich von Kleist, Zur Psychodynamik in seiner Dichtung. München 1975. S. 65–71.

Dietzfelbinger, Konrad: Familie bei Kleist. Diss. München 1979. S. 250–276.

Djemtschenko, Wladimir: Das Wesen des Tragischen in Kleists »Die Marquise von O...«. In: Beiträge zur Kleistforschung. Frankfurt a. d. O. 1983. S. 39–49.

Dünnhaupt, Gerhard: Kleist's »Marquise von O...« and its literary debt to Cervantes. In: Arcadia 10 (1975) S. 147–157.

Durzak, Manfred: Zur utopischen Funktion des Kindesbildes in Kleists Erzählungen. In: Colloquia Germanica 3 (1969) S. 111 bis 129.

Dyer, Denis: The stories of Kleist. A critical study. New York 1977. S. 60–79.

Ellis, John M.: Heinrich von Kleist. Studies in the character and meaning of his writings. Chapel Hill 1979. S. 21–35.

Engstfeld, Peter: Über die Folgen verdrängter Motive. Zur Kritik psychoanalytischer Kleist-Interpretationen. Diss. Bremen 1980. S. 49–85.

Esch, Deborah: Toward a midwifery of thought. Reading Kleist's »Die Marquise von O...«. In: Textual analysis. Some readers reading. Hrsg. von Mary Ann Caws. 2. Aufl. New York 1987. S. 144 bis 155.

Fingerhut, Karlheinz: Figurenspiel oder politische Allegorie. Deutungsvarianten für den Literaturunterricht zu Heinrich von Kleist, »Die Marquise von O...«. In: Diskussion Deutsch 22 (1991) S. 140–162.

Fischer, Bernd: Ironische Metaphysik. Die Erzählungen Heinrich von Kleists. München 1988. S. 38–56.

Fricke, Gerhard: Gefühl und Schicksal bei Heinrich v. Kleist. Studien über den inneren Vorgang im Leben und Schaffen des Dichters. Berlin 1929. Neudr. Darmstadt 1963. S. 136–139.

Fries, Thomas: The impossible object: The Feminine, the Narrative (Laclos' »Liaisons dangereuses« and Kleist's »Marquise von O…«). In: Modern Language Notes 91 (1976) S. 1296–1326.

Furst, Lilian R.: Double-Dealing. Irony in Kleist's »Die Marquise von O…«. In: Echoes and Influences of German Romanticism. Festschrift für Hans Eichner. Hrsg. von Michael S. Batts [u. a.] New York 1987. S. 85–95.

Geary, John: Heinrich von Kleist. A study in tragedy and anxiety. Philadelphia 1968. S. 60–80.

Gelus, Majorie: Laughter and joking in the works of Heinrich von Kleist. In: The German Quarterly 50 (1977) S. 452–473.

Glathery, James M. Mc: Desire's Sway. The plays and stories of Heinrich von Kleist. Detroit 1983. S. 81–85.

Glassen, Gerd: »Wenn wir einst, von unserm Sturze erholt, einander, auf Krücken, wieder begegnen.« Beobachtungen zum Erzieherischen bei Heinrich von Kleist. In: Lehren und Lernen. Zeitschrift des Landesinstitutes für Erziehung und Unterricht (Stuttgart) 16 (1990) H. 2. S. 13–35.

Godina, Danica: Kleist-Rezeption in der ersten Hälfte des 19. Jahrhunderts in Österreich. Diss. Wien 1975.

Gönner, Gerhard: Von »zerspaltenen Herzen« und der »gebrechlichen Einrichtung der Welt«. Versuch einer Phänomenologie der Gewalt bei Kleist. Stuttgart 1989. S. 42–49.

Graf, Günter: Produktion und Interpretation. Zu einer schülerorientierten Behandlung von Heinrich von Kleists »Die Marquise von O…«. In: Diskussion Deutsch 22 (1991) S. 162–177.

Graham, Ilse: Heinrich von Kleist. Word into flesh: A poet's quest for the symbol. Berlin / New York 1977. S. 94–117; 148–153.

Grathoff, Dirk: Materialistische Kleist-Interpretation. Ihre Vorgeschichte und Entwicklung bis 1945. In: Klaus Kanzog (Hrsg.): Text und Kontext. Quellen und Aufsätze zur Rezeptionsgeschichte der Werke Heinrich von Kleists. Berlin 1979. S. 117–179.

– Die Zeichen der Marquise: Das Schweigen, die Sprache und die Schriften. Drei Annäherungsversuche an eine komplexe Textstruktur. In: D. G. (Hrsg.): Heinrich von Kleist. Studien zu Werk und Wirkung. Opladen 1988. S. 204–229. [U. d. T. »Die Marquise von O… Drei Annäherungsversuche an eine komplexe Textstruktur« auch in: Interpretationen. Erzählungen und Novellen des 19. Jahrhunderts. Bd. 1. Stuttgart 1988. S. 97–131.]

Harlos, Dieter: Die Gestaltung psychischer Konflikte einiger Frauengestalten im Werk Heinrich von Kleists: Alkmene, Die Marquise von O…, Penthesilea, Käthchen von Heilbronn. Frankfurt a. M. 1984. S. 45–73.

Herrmann, Hans Peter: Zufall und Ich. Zum Begriff der Situation in den Novellen Heinrich von Kleists. In: Germanisch-Romanische Monatsschrift N.F. 11 (1961) S. 69–99. Auch in: Walter Müller-Seidel (Hrsg.): Heinrich von Kleist. Aufsätze und Essays. Darmstadt ²1967 (Wege der Forschung. 147). S. 367–411.

Hoffmeister, Elmar: Täuschung und Wirklichkeit bei Heinrich von Kleist. Bonn 1968.

Hohoff, Curt: Komik und Humor bei Heinrich von Kleist. Ein Beitrag zur Klärung der geistigen Struktur eines Dichters. Berlin 1936. S. 52–54.

Holland, Dietmar: Musikalische Bedingungen des Opernlibrettos. Zu Heimo Erbses opera semiseria »Julietta« nach Kleists »Marquise von O…«. In: Klaus Kanzog / Hans Joachim Kreutzer (Hrsg.): Werke Kleists auf dem modernen Musiktheater. Berlin 1977. S. 137–162.

Horn, Peter: Ichbildung und Ichbehauptung in Kleists »Marquise von O…«. In: P. H.: Heinrich von Kleists Erzählungen. Eine Einführung. Königstein i. Ts. 1978. S. 83–111.

Horodisch, A[braham]: Eine unbekannte Quelle zu Kleists »Die Marquise von O…«. In: Philobiblon 7 (1963) S. 136–139.

Horst, Falk: Beobachtungen zum Weltbild Heinrich von Kleists. In: Jahrbuch des Freien Deutschen Hochstifts (1981) S. 228–260.

Hoverland, Lilian: Heinrich von Kleist und das Prinzip der Gestaltung. Königstein i. Ts. 1978. S. 139–153.

Huff, Stephen R.: Kleist and expectant virgins. The meaning of the »O« in »Die Marquise von O…«. In: Journal of English and Germanic Philology 81 (1982) S. 367–375.

Huszar Allen, Marguerite de: Denial and acceptance. Narrative patterns in Thomas Mann's »Die Betrogene« and Kleist's »Die Marquise von O…«. In: The Germanic Review 64 (1989) S. 121–128.

Kanzog, Klaus: »Die Mühe war von uns, das Beste war von Kleist.« Über die »Marquise von O…«, Heimo Erbses Oper »Julietta« und das Transformationsproblem des Librettos, untersucht im Zusammenhang mit den Dramatisierungen Ferdinand Bruckners, Hartmut Langes und Egon Günthers. In: K. K. / Hans Joachim Kreutzer (Hrsg.): Werke Kleists auf dem modernen Musiktheater. Berlin 1977. S. 101–136.

– Heinrich von Kleist und der Film. Eine Bibliographie. In: K. K. (Hrsg.): Erzählstrukturen – Filmstrukturen. Erzählungen Heinrich von Kleists und ihre filmische Realisation. Berlin 1981. S. 142 bis 172.

Kiefner, Hans: Species facti. Geschichtserzählung bei Kleist und in Relationen bei preußischen Kollegialbehörden um 1800. In: Kleist-Jahrbuch (1988/89) S. 13–39.

Klaar, Alfred (Hrsg.): Heinrich von Kleist. »Die Marquise von O…«. Die Dichtung und ihre Quellen. Berlin [1922].

Kommerell, Max: Die Sprache und das Unaussprechliche. Eine Betrachtung über Heinrich von Kleist. In: M. K.: Geist und Buchstabe der Dichtung. 5. Aufl. Frankfurt a. M. 1962. S. 243–317.

Koopmann, Helmut: Das »rätselhafte Faktum« und seine Vorgeschichte. Zum analytischen Charakter der Novellen Heinrich von Kleists. In: Zeitschrift für deutsche Philologie 84 (1965) S. 508 bis 550.

Kreutzer, Hans Joachim: Die dichterische Entwicklung Heinrichs von Kleist. Untersuchungen zu seinen Briefen und zu Chronologie und Aufbau seiner Werke. Hamburg 1968.

– »Die Marquise von O…«. In: Lehren und Lernen. Zeitschrift des Landesinstitutes für Erziehung und Unterricht (Stuttgart) 16 (1990) H. 2. S. 1–12.

Krueger, Werner: Rolle und Rollenwechsel. Überlegungen zu Kleists »Marquise von O…«. In: Acta Germanica 17 (1984) S. 29–81.

Kunz, Josef: Die deutsche Novelle zwischen Klassik und Romantik. Berlin 1966. S. 128–151.

Kuoni, Clara: Wirklichkeit und Idee in Heinrich von Kleists Frauenerleben. Frauenfeld/Leipzig 1937. S. 226–230.

Laurs, Axel: Towards idylls of domesticity in Kleist's »Die Marquise von O…«. In: Journal of the Australasian Universities Language and Literature Association 64 (1985) S. 175–189.

Leeuwe, H. H. J. de: Warum heißt Kleists »Marquise von O…« von O…? In: Neophilologus 68 (1984) S. 478–479.

Lugowski, Clemens: Wirklichkeit und Dichtung. Untersuchungen zur Wirklichkeitsauffassung Heinrich von Kleists. Frankfurt a. M. 1936. S. 151–159.

Mackensen, Lutz: Die Marquise von O… in doppelter Gestalt. Ein analytischer Versuch. In: Baltische Monatshefte (1933) S. 173 bis 179.

Mann, Thomas: Heinrich von Kleist und seine Erzählungen. In: T. M.: Gesammelte Werke in 12 Bänden. Bd. 9: Reden und Aufsätze 1. Frankfurt a. M. 1960. S. 823–842.

Mehigan, Timothy J.: Text as contract. The nature and function of narrative discourse in the Erzählungen of Heinrich von Kleist. Frankfurt a. M. 1988. S. 202–215.

Merkel, Helmut: Die Rückkehr des Retters. Bemerkungen zu einem Motiv in Kleists Erzählungen. In: Germanisch-Romanische Monatsschrift N. F. 39 (1989) S. 26–40.

Minde-Pouet, Georg: Zu Heinrich von Kleist. In: Euphorion 4 (1897) S. 537–545.

Moering, Michael: Witz und Ironie in der Prosa Heinrich von Kleists. München 1972. S. 231–290.

Müller-Salget, Klaus: Das Prinzip der Doppeldeutigkeit in Kleists Erzählungen. In: Zeitschrift für deutsche Philologie 92 (1973) S. 161–184. Auch in: Walter Müller-Seidel (Hrsg.): Kleists Aktualität. Neue Aufsätze und Essays. 1966–1978. Darmstadt 1981 (Wege der Forschung. 586). S. 166–199.

Müller-Seidel, Walter: Die Struktur des Widerspruchs in Kleists »Die Marquise von O…«. In: Deutsche Vierteljahrsschrift für Literaturwissenschaft und Geistesgeschichte 28 (1954) S. 467–515. Auch in: W. M.-S. (Hrsg.): Heinrich von Kleist. Aufsätze und Essays Darmstadt ²1967 (Wege der Forschung 147). S. 244–268.

– Versehen und Erkennen. Eine Studie über Heinrich von Kleist. 3. Aufl. Köln 1971.

Nedde, Dietmar: Untersuchungen zur Struktur von Dichtung an Novellen Heinrich von Kleists. Diss. Göttingen 1955. S. 137–164.

Newman, Gail: The status of the subject in Novalis's »Heinrich von Ofterdingen« and Kleist's »Die Marquise von O…«. In: The German Quarterly 63 (1989) S.. 59–71.

Ossar, Michael: Kleist's »Das Erdbeben in Chili« and »Die Marquise von O…«. In: Revue des langues vivantes 34 (1968) S. 151–169.

Peck, Jeffrey M.: The politics of reception and the poetics of reading: The hermeneutic text – Heinrich von Kleist's »Die Marquise von O…«. In: Cahiers roumains d'études littéraires 2 (1982) S. 130 bis 137.

Perry, Petra: Möglichkeit am Rande der Wahrscheinlichkeit: Die »fantastische Situation« in der Kleistschen Novellistik. Köln/Wien 1989.

Pfeiffer, Joachim: Die wiedergefundene Ordnung. Literaturpsychologische Anmerkungen zu Kleists »Marquise von O…«. In: Dirk Grathoff (Hrsg.): Heinrich von Kleist. Studien zu Werk und Wirkung. Opladen 1988. S. 230–247.

– Die zerbrochenen Bilder. Gestörte Ordnungen im Werk Heinrich von Kleists. Würzburg 1989. S. 54–60.

Pongs, Hermann: Grundlagen der deutschen Novelle des 19. Jahrhunderts. In: Jahrbuch des Freien Deutschen Hochstifts (1930) S. 151–231.

Politzer, Heinz: Der Fall der Frau Marquise. Beobachtungen zu Kleists »Die Marquise von O…«. In: Deutsche Vierteljahrsschrift für Literaturwissenschaft und Geistesgeschichte 51 (1977) S. 98 bis 128. Auch in: Werner Berthel (Hrsg.): Heinrich von Kleist: »Die Marquise von O…«. Mit Materialien und Bildern zu dem Film von Eric Rohmer und einem Aufsatz von Heinz Politzer. Frankfurt a. M. 1979. S. 55–96.

Renk, Herta-Elisabeth: Heinrich von Kleist: »Die Marquise von O…«. In: Jakob Lehmann (Hrsg.): Deutsche Novellen von Goethe bis Walser. Interpretationen für den Literaturunterricht. Bd. 1: Von Goethe bis C. F. Meyer. Königstein i. Ts. 1980. S. 31–52.

Rennert, Hal H.: Literary revenge. Nabokov's »Mademoiselle O« and Kleist's »Die Marquise von O…«. In: Germano-Slavica 4 (1984) S. 331–337.

Reske, Hermann: Traum und Wirklichkeit im Werk Heinrich von Kleists. Stuttgart 1969. S. 121–129.

Reuß, Roland: Was ist das Kritische an einer kritischen Ausgabe? Erste Gedanken anläßlich der Edition von Kleists Erzählung »Die Marquise von O. . . .«. In: Berliner Kleist-Blätter 2 (1989) S. 3 bis 20.

Rhiel, Mary: The author-function as security agent in Rohmer's »Die Marquise von O…«. In: The German Quarterly 64 (1991) S. 6 bis 16.

Rieger, Bernhard: Geschlechterrollen und Familienstrukturen in den Erzählungen Heinrich von Kleists. Frankfurt a. M. / Bern 1985.

Ryan, Lawrence: Die Marionette und das »unendliche Bewußtsein« bei Heinrich von Kleist. In: Helmut Sembdner (Hrsg.): Kleists Aufsatz über das Marionettentheater. Studien und Interpretationen. Berlin 1967. S. 171–195 [S. 175–178].

Sack, Volker: Identitätskrisen. Heinrich von Kleist: »Die Marquise von O…« und Arthur Schnitzler: »Flucht in die Freiheit«. Stuttgart 1989.

Satz, Martha G.: Deities and translucent volleyballs: An epistemological approach to »Pride and Prejudice« and »Die Marquise von O…«. Diss. University of Texas at Dallas 1982.

Schmidhäuser, Eberhard: Das Verbrechen in Kleist's »Marquise von O…«. Eine nur am Rande strafrechtliche Untersuchung. In: Kleist-Jahrbuch (1986) S. 156–175.

Schmidt, Herminio: Heinrich von Kleist. Naturwissenschaft als Dichtungsprinzip. Bern/Stuttgart 1978. S. 107–115.

Schmidt, Jochen: Heinrich von Kleist. Studien zu seiner poetischen Verfahrensweise. Tübingen 1974. S. 16–20, 176–179.

Schneider, Irmela: Aktualität im historischen Gewand. Zu Filmen nach Werken von Heinrich von Kleist. In: Franz-Josef Albersmeier / Volker Roloff (Hrsg.): Literaturverfilmungen. Frankfurt a. M. 1989. S. 99–121.

Schönhaar, Rainer: Novelle und Kriminalschema. Ein Strukturmodell deutscher Erzählkunst um 1800. Bad Homburg 1969. S. 158–168.

Schwind, Klaus: Heinrich von Kleist. Die Marquise von O… Frankfurt a. M. 1991.

Singer, H.: Kleists »Verhöre«. In: Studi in onore di Lorenzo Bianchi. Bologna 1960. S. 423–442.

Skrotzki, Ditmar: Die Gebärde des Errötens im Werk Heinrich von Kleists. Marburg 1971. S. 59–87.

Smith, John H.: Dialogic Midwifery in Kleist's »Marquise von O…« and the hermeneutics of telling the untold in Kant and Plato. In: Publications of the Modern Language Association 100 (1985) S. 203–219.

Spiegel, Alan: The cinematic text. Rohmer's »The marquise of O…«. In: Andrew Horton / Joan Magretta (Hrsg.): Modern European filmmakers and the art of adaptation. New York 1981. S. 313 bis 328.

Stenzel, Jürgen: Heinrich von Kleist. »Die Marquise von O…«. In: J. S.: Zeichensetzung. Stiluntersuchungen an deutscher Prosadichtung. Göttingen 1966. S. 55–69.

Stephens, Anthony: »Eine Träne auf den Brief«. Zum Status der Ausdrucksformen in Kleists Erzählungen. In: Jahrbuch der Deutschen Schillergesellschaft 28 (1984) S. 315–348.

– Kleists Familienmodelle. In: Kleist-Jahrbuch (1988/89) S. 222–237.

Swales, Erika: The beleaguered citadel: A study of Kleist's »Die Marquise von O…«. In: Deutsche Vierteljahrsschrift für Literaturwissenschaft und Geistesgeschichte 51 (1977) S. 129–147.

Thieberger, Richard: »La Marquise d'O.« In: R. T.: Gedanken über Dichter und Dichtungen. Essays aus fünf Jahrzehnten. Hrsg. von Alain Faure [u. a.]. Bern 1982. S. 23–33.

Wallach, Martha: Ideal and idealized victims. The lost honour of The Marquise von O., Effi Briest and Katharina Blum in prose and film. In: Women in German, yearbook. Feminist studies and German culture 1 (1985) S. 61–75.

Weiss, Hermann F.: Precarious idylls. The relationship between father and daughter in Heinrich von Kleist's »Die Marquise von O…«. In: Modern Language Notes 91 (1976) S. 538–542.

Werner, Richard Maria: Kleists Novelle »Die Marquise von O…«. In: Vierteljahresschrift für Litteraturgeschichte 3 (1890) S. 483–500.

Wichmann, Thomas: Heinrich von Kleist. Stuttgart 1988 (Sammlung Metzler. 240). S. 121–126.

Wilpert, Gero von: Kleists Schlüssellöcher. In: Dichtung, Wissenschaft, Unterricht. Festschrift für Rüdiger Frommholz. Hrsg. von Friedrich Kienecker und Peter Wolfersdorf. Paderborn 1986. S. 331–340.

Witkop, Philipp: Heinrich von Kleist. Leipzig 1922. S. 191–194.

Wolff, Hans M.: Heinrich von Kleist. Die Geschichte seines Schaffens. Bern 1954. S. 182–194, 311–327.

Zimmermann, Hans Dieter: Kleist, die Liebe und der Tod. Frankfurt a. M. 1989. S. 341–352. Neuaufl. u. d. T. »Heinrich von Kleist«. Reinbek 1991. S. 334–344.

Ziolkowski, Theodore: Kleists Werk im Lichte der zeitgenössischen Rechtskontroverse. In: Kleist-Jahrbuch (1987) S. 28–51.

4. Hilfsmittel

Adelung, Johann Christoph: Versuch eines vollständigen grammatisch-kritischen Wörterbuches der Hochdeutschen Mundart mit beständiger Vergleichung der übrigen Mundarten, besonders aber der Oberdeutschen. 5 Bde. Leipzig 1774–86.

Campe, Johann Heinrich: Wörterbuch der Deutschen Sprache. Tl. 1 bis 5. Braunschweig 1807–11.

– Wörterbuch zur Erklärung und Verdeutschung der unserer Sprache aufgedrungenen fremden Ausdrücke. Ein Ergänzungsband zu Adelung's und Campe's Wörterbüchern. Neue stark vermehrte und durchgängig verbesserte Ausgabe. Braunschweig 1813.

Fäsch, Johann Rudolf: Kriegs-, Ingenieur- und Artillerie-Lexicon. Nürnberg 1726.

Grimm, Jacob und Wilhelm: Deutsches Wörterbuch Bd. 1–16. Leipzig 1854–1971. [Zit. als: DWB.]

Hederich, Benjamin: Gründliches Mythologisches Lexikon. Bearb. von Johann Joachim Schwaben. Leipzig 1770. Nachdr. Darmstadt 1967.

Lorenz, Angelika: Das deutsche Familienbild in der Malerei des 19. Jahrhunderts. Darmstadt 1985.

Rodger, A. B.: The War of the Second Coalition. 1798 to 1801. A strategic commentary. Oxford 1964.

Schanze, Helmut: Wörterbuch zu Heinrich von Kleist. Sämtliche Erzählungen, Anekdoten und kleine Schriften. 2., neu bearb. Aufl. Tübingen 1989.

Schivelbusch, Wolfgang: Das Paradies, der Geschmack und die Vernunft. Eine Geschichte der Genußmittel. 2. Aufl. München/Wien 1981.

Sembdner, Helmut (Hrsg.): Heinrich von Kleists Lebensspuren. Dokumente und Berichte der Zeitgenossen. Erweiterte Neuausgabe. Frankfurt a. M. 1977. [Zit. als: Lebensspuren.]

Sembdner, Helmut (Hrsg.): Heinrich von Kleists Nachruhm. Eine Wirkungsgeschichte in Dokumenten. Frankfurt a. M. 1984. [Zit. als: Nachruhm.]

Zedler, Johann Heinrich: Grosses Vollständiges Universal-Lexikon. 64 Bde. Leipzig 1732–54. Nachdr. Graz 1962.

VII. Abbildungsnachweis

6/7 The campaign of 1800 in northern Italy. Aus: David G. Chandler: The campaigns of Napoleon. 2. Aufl. London: Weidenfeld and Nicolson, 1973. S. 272 f.

41 Die Versöhnung zwischen Julie und ihrem Vater. Holzschnitt von Brugnot nach Tony Johannot. Aus: Jean-Jacques Rousseau: Julie oder Die Neue Heloise. 2 Bde. Nach der Übersetzung von Th. Hell. Berlin: Propyläen-Verlag, [1922].

45 Phöbus. Ein Journal für die Kunst. Hrsg. von Heinrich von Kleist und Adam Müller. 1. Jahrgang. 2. Stück. Februar 1808.

87 Illustration von Wilhelm Scheidemandel. Aus: Heinrich von Kleist: Die Marquise von O… Bilder und Buchschmuck von W. S. München: Phoebus, [1921].

88 Illustration von Paul Helms. Aus: Zucht und Freiheit. Erzählungen von Heinrich von Kleist. Holzschnitte von P. H. Hamburg: Deutsche Hausbücherei, [1934].

89 Illustration von Arnold Braune. Aus: Heinrich von Kleist: Meisternovellen. Durchgesehen und eingeleitet von Claude Flor. Federzeichnungen von A. B. Hamburg: Deutscher Literatur-Verlag, 1947.

90 Illustration von Wolfgang Felten. Aus: Heinrich von Kleist: Michael Kohlhaas und andere Novellen. Mit 45 Zeichnungen von W. F. Leipzig: Philipp Reclam jun., [1950].

91 Illustration von Günter Horlbeck. Aus: Heinrich von Kleist: Novellen. Leipzig: Philipp Reclam jun., [1959]. – Mit Genehmigung von Günter Horlbeck, Leipzig.

92 Illustration von Josef Hegenbarth. Aus: Heinrich von Kleist: Erzählungen. Mit Illustrationen von J. H. München: Beck, 1988.

95 Szenenfoto aus der Inszenierung von Hartmut Langes »Gräfin von Rathenow« im Thalia Theater Hamburg, 1972.

102 Standfoto aus dem Film »Die Marquise von O…« von Eric Rohmer, 1975.

Nachbemerkung

Bei der Zusammenstellung dieses Kommentarbandes zur »Marquise von O...« wurde ich großzügig von Christian Wagenknecht unterstützt, dem ich für die Überlassung von Materialien wie vor allem für viele hilfreiche Ratschläge herzlich danke. Dem Burgtheater Wien danke ich für die freundliche Bereitstellung des Manuskripts von Wilhelm Heim.

S. D.

Erläuterungen und Dokumente

zu Brentano, *Geschichte vom braven Kasperl und dem schönen Annerl.* 8186

zu Büchner, *Dantons Tod.* 8104 – *Lenz.* 8180 – *Woyzeck.* 8117

zu Chamisso, *Peter Schlemihl.* 8158

zu Droste-Hülshoff, *Die Judenbuche.* 8145

zu Dürrenmatt, *Der Besuch der alten Dame.* 8130 – *Die Physiker.* 8189 – *Romulus der Große.* 8173

zu Eichendorff, *Das Marmorbild.* 8167

zu Fontane, *Effi Briest.* 8119 – *Frau Jenny Treibel.* 8132 – *Grete Minde.* 8176 – *Irrungen, Wirrungen.* 8146 – *Schach von Wuthenow.* 8152 – *Der Stechlin.* 8144

zu Frisch, *Andorra.* 8170 – *Biedermann und die Brandstifter.* 8129 – *Homo faber.* 8179

zu Goethe, *Egmont.* 8126 – *Götz von Berlichingen.* 8122 – *Iphigenie auf Tauris.* 8101 – *Die Leiden des jungen Werther.* 8113 – *Novelle.* 8159 – *Torquato Tasso.* 8154 – *Urfaust.* 8183 – *Die Wahlverwandtschaften.* 8156 – *Wilhelm Meisters Lehrjahre.* 8160

zu Gotthelf, *Die schwarze Spinne.* 8161

zu Grass, *Katz und Maus.* 8137

zu Grillparzer, *Der arme Spielmann.* 8174 – *König Ottokars Glück und Ende.* 8103 – *Weh dem, der lügt!* 8110

zu Hauptmann, *Bahnwärter Thiel.* 8125 – *Der Biberpelz.* 8141 – *Die Ratten.* 8187

zu Hebbel, *Agnes Bernauer.* 8127 – *Maria Magdalena.* 8105

zu Heine, *Deutschland. Ein Wintermärchen.* 8150

zu Hesse, *Demian. Die Geschichte von Emil Sinclairs Jugend.* 8190 – *Der Steppenwolf.* 8193

zu Hoffmann, *Das Fräulein von Scuderi.* 8142 – *Der goldne Topf.* 8157 – *Klein Zaches genannt Zinnober.* 8172 zu Ibsen, *Nora (Ein Puppenheim)*. 8185

zu Johnson, *Mutmassungen über Jakob*. 8184

zu Kafka, *Die Verwandlung*. 8155

zu Keller, *Das Fähnlein der sieben Aufrechten*. 8121 – *Kleider machen Leute*. 8165 – *Romeo und Julia auf dem Dorfe*. 8114

zu Kleist, *Amphitryon*. 8162 – *Das Erdbeben in Chili*. 8175 – *Das Käthchen von Heilbronn*. 8139 – *Michael Kohlhaas*. 8106 – *Penthesilea*. 8191 – *Prinz Friedrich von Homburg*. 8147 – *Der zerbrochne Krug*. 8123

zu J. M. R. Lenz, *Der Hofmeister*. 8177 – *Die Soldaten*. 8124

zu Lessing, *Emilia Galotti*. 8111 – *Minna von Barnhelm*. 8108 – *Miß Sara Sampson*. 8169 – *Nathan der Weise*. 8118

zu Th. Mann, *Mario und der Zauberer*. 8153 – *Der Tod in Venedig*. 8188 – *Tonio Kröger*. 8163 – *Tristan*. 8115

zu Meyer, *Das Amulett*. 8140

zu Mörike, *Mozart auf der Reise nach Prag*. 8135

zu Nestroy, *Der böse Geist Lumpazivagabundus*. 8148 – *Der Talisman*. 8128

zu Novalis, *Heinrich von Ofterdingen*. 8181

zu Schiller, *Don Carlos*. 8120 – *Die Jungfrau von Orleans*. 8164 – *Kabale und Liebe*. 8149 – *Maria Stuart*. 8143 – *Die Räuber*. 8134 – *Die Verschwörung des Fiesco zu Genua*. 8168 – *Wallenstein*. 8136 – *Wilhelm Tell*. 8102

zu Shakespeare, *Hamlet*. 8116

zu Sophokles, *Antigone*. 8195

zu Stifter, *Abdias*. 8112 – *Brigitta*. 8109

zu Storm, *Hans und Heinz Kirch*. 8171 – *Immensee*. 8166 – *Der Schimmelreiter*. 8133

zu Tieck, *Der blonde Eckbert / Der Runenberg*. 8178

zu Wedekind, *Frühlings Erwachen*. 8151

zu Zuckmayer, *Der Hauptmann von Köpenick*. 8138

Philipp Reclam jun. Stuttgart

Heinrich von Kleist

WERKE IN RECLAMS UNIVERSAL-BIBLIOTHEK

Amphitryon. Ein Lustspiel nach Molière. Nachwort von Helmut Bachmaier. 7416 – dazu *Erläuterungen und Dokumente* von Helmut Bachmaier. 8162

Die Familie Schroffenstein. Nachwort von Curt Hohoff 1768

Die Hermannsschlacht. Drama. 348

Das Käthchen von Heilbronn oder die Feuerprobe. Großes historisches Ritterschauspiel. 40 – dazu *Erläuterungen und Dokumente* von Dirk Grathoff. 8139

Die Marquise von O… Das Erdbeben in Chili. Erzählungen. Nachwort von Christian Wagenknecht. 8002 – *Erläuterungen und Dokumente* von Hedwig Appelt und Dirk Grathoff zu *Das Erdbeben in Chili.* 8175

Michael Kohlhaas. Aus einer alten Chronik. Nachwort von Paul Michael Lützeler. 218 – dazu *Erläuterungen und Dokumente* von Günter Hagedorn. 8106

Penthesilea. Trauerspiel. 1305

Prinz Friedrich von Homburg. Schauspiel. Nachwort von Ernst von Reusner. 178 – dazu *Erläuterungen und Dokumente* von Fritz Hackert. 8147

Robert Guiskard. Herzog der Normänner. Herausgegeben von Wolfgang Golther. 6857

Sämtliche Erzählungen. Nachwort von Walter Müller-Seidel. 8232

Die Verlobung in St. Domingo. Das Bettelweib von Locarno. Der Findling. Erzählungen. 8003

Der zerbrochne Krug. Lustspiel. 91 – dazu *Erläuterungen und Dokumente* von Helmut Sembdner. 8123

Der Zweikampf. Die heilige Cäcilie. Sämtliche Anekdoten. Über das Marionettentheater und andere Prosa. 8004

Philipp Reclam jun. Stuttgart